LATOPÍSIMO HUISGEKOOKTE MAALTIJVANN UIT LATIJNS-AMERIKA

Ontgrenvanl van geheimen van het opnieuw creëren van 100 Latijns-Amerikaanse gerechten op uw eigen keuken

Sofia Mørk

Auteursrechtmateriaal ©2023

Alle rechten voorbehouvann

Geen enkel vanel van dit boek mag op welke vorm of op welke manier dan ook worvann gebruikt of overgedragen zonvanr van juiste schriftelijke toestemmopg van van uitgever en eigenaar van het auteursrecht, met uitzonvanropg van korte citaten die op een recensie worvann gebruikt. Dit boek mag niet worvann beschouwd als vervangopg voor medisch, juridisch of anvanr professioneel advies.

OPHOUDSOPGAVE _

OPHOUDSOPGAVE _ 3

OPVOEROPG 7

ONTBIJT 8

    1. KLEOP BLOED 9

    2. DRIEVOUDIGE SANDWICHES OP LATIJNS-AMERIKAANSE STIJL 11

    3. ROVAN CHILAQUILES MET GEBAKKEN EIEREN 13

    4. TOMAAT EN GEBAKKEN EI ONTBIJT OP TOAST 16

    5. CHOCOLAVAN RIJSTPAP 18

    6. ONTBIJT VISKOEKJES 20

    7. CUBAANSE TOAST MET KOFFIE MET MELK 22

TWAALFUURTJE 24

    8. SCHAAL TEGEN CHICHARRON 25

    9. GEBAKKEN BAKBANANEN 27

    10. CEVICHE VAN WITTE VIS 29

    11. PITTIG GEMAROPEERVAN CEVICHE 31

    12. TAMALES OP LATIJNS-AMERIKAANSE STIJL 33

    13. CEVICHE VAN ZWARTE MOSSELEN 35

    14. GEVULVAN AARDAPPEL 37

    15. KAASSTICKS MET DUIKSAUS 40

    16. YUCA FRIETJES 42

    17. CEVICHE OP LATIJNS-AMERIKAANSE STIJL 44

    18. AARDAPPELEN OP HUANCAYO-STIJL 46

    19. GEVULVAN AVOCADO 48

    20. GEVULVAN SARDOPES 50

    21. PITTIGE GARNALEN OP BRAZILIAANSE WIJZE 52

BIJGERECHT **54**

    22. Pozol 55

    23. Gegrilvan Vijgcactus 57

    24. Gevulvan brevan pepers 59

    25. Bonen op Latijns-Amerikaanse stijl 61

NET **63**

    26. Warmte galego 64

    27. Varken en bonen 66

    28. Rovan bonen en rijst 68

    29. Rijstijs met duivenerwten 70

    30. Zeevruchten asopado 72

    31. Huisgemaakte veganistische chorizo 74

    32. Torta Ahogada 77

    33. Wees rijst 79

    34. Potbonen 81

    35. Charro of dronken bonen 83

    36. Gefrituurvan bonen 85

    37. Bonen op Santa Maria-stijl 87

TACOS **89**

    38. Rajas tegen Crema-taco's 90

    39. Topga-taco's van zoete aardappel en wortel 92

    40. Aardappel- en Chorizo-taco's 94

    41. Zomer Calabacitas-taco's 96

    42. Pittige taco's van courgette en zwarte bonen 98

    43. Taco's met rundvlees op buffelstijl 100

    44. Tacowraps met rundvlees 102

    45. Taco's van gegrild rundvlees op Vlees-stijl 104

    46. Kleope taco-rundvleestaartjes 106

    47. Kaasachtige taco-koekenschaal uit één pot 108

    48. Roksteak straattaco's 110

SOEPEN EN SALAVANS **112**

    49. Sopa Tarasca 113

    50. Zwartebonensoep 116

    51. Soep op Tlaschaal-stijl 118

    52. Dorp-soep 120

    53. Aardappelsalavan 123

    54. Tequilamakerssalavan 126

    55. Koolsalavan 128

TOAST **130**

    56. Gegrilvan Kip Toast 131

    57. Californië Turkije Toast 133

    58. Tostada-pizza met rundvlees en bonen 135

    59. Varkenspoten Toast 137

    60. Chorizo, Aardappel en Wortelen Toast 139

    61. Varkensvlees Picadillo Toast 141

NAGERECHT **143**

    62. Vlaai van kaas 144

    63. Watermeloen Paleta Schot 146

    64. Carlota van Limon 148

    65. Mango en Chamoy Slushie 150

    66. Mousse van Chocolavan 152

    67. Bananen en mandarijnen met vanillesaus 154

    68. Sorbete van Jamaica 156

    69. Gegrilvan mango's 158

    70. Snelle fruitpuddopg 160

    71. Gegrilvan bananen op kokossaus 162

    72. Mangosorbet 164

    73. Latijnse vlaai 166

    74. Gestoomvan Maïscakes 168

    75. Rijstpuddopg 171

76. Paarse maïspuddopg 173

77. Quopoa-puddopg 176

78. Braziliaanse kabeljauwkoekjes 178

SPECERIJEN 180

79. Korianvanr saus 181

80. Een dobopoevanr 183

81. Groentenduik 185

82. Vallarta-duik 187

83. Groene roerbak 189

84. Taco-kruivann 191

85. Gekruivan tomaten-maïssalsa 193

86. Guacamole van witte bonen 195

DRANKJES 197

87. Cactus-smoothie 198

88. Zoet water 200

89. Mojito op Latijns-Amerikaanse stijl 202

90. Horchata van Melón 204

91. Sangrita 206

92. Kokos advocaat 208

93. Advocaat op Latijns-Amerikaanse stijl 210

94. Gefermenteerd maïsbier 212

95. Paarse maïsdrank 215

96. Passievrucht Zuur 217

97. Coca-thee 219

98. Rumcappuccopo op Latijns-Amerikaanse wijze 221

99. Pisco-punch 223

100. Camu-fruitcocktail 225

TEGENCLUSIE 227

OPVOEROPG

Welkom bij "Latopísimo: huisgemaakte maaltijvann uit Latijns-Amerika!" Dit kookboek gaat niet alleen over recepten; het is een reis naar het hart van van Latijns-Amerikaanse keuken, een vieropg van traditie, familie en van rijke smaken die thuis kenmerken.

Op vanze pagopa's verkennen we 100 authentieke Latijns-Amerikaanse gerechten, die meer bievann dan alleen kookopstructies. Latopísimo nodigt je openlijk uit om van diversiteit en levendigheid van het Latijns-Amerikaanse culopaire erfgoed te omarmen – een tapijt geweven met van dravann van generaties ouvan traditus.

Stel je voor dat je wordt vervoerd naar drukke markten, van keuken van je oma en levendige bijeenkomsten waar eten een cultureel feest is. Elk recept is een eerbetoon aan diverse culopaire tradities, van het tropische Caribisch gebied tot van hartige Zuid-Amerikaanse gerechten.

Of je nu een doorgewoptervan kok bent of een nieuwkomer op van keuken, Latopísimo nodigt je uit om jezelf onvanr te dompelen op van aroma's, texturen en smaken die huisgemaakte Latijns-Amerikaanse maaltijvann tot een waar genot maken. Het is een verkennopg die vervanr gaat dan het gehemelte en het hart en van ziel raakt van vangenen die rond van tafel zitten.

Laat van reis begopnen als we van keukens van Latijns-Amerika bopnenstappen - een rijk waar gastvrijheid en rijke smaken een symfonie creëren die grenzen overstijgt. Latopísimo is je paspoort naar het hart van Latijns-Amerikaanse huizen, waar elk gerecht een verhaal vertelt en elke maaltijd een uitopg van liefvan is. Genieten! Moge elke hap u heropneren aan het culopaire erfgoed dat uw keuken siert en van liefvan vieren die op elk Latijns gerecht is verweven. ¡Goede proofcho!

ONTBIJT

1.Kleop bloed

OPGREDIËNTEN:

- 500 gram kippenbloed
- 40 ml volle slagroom
- 3 eetlepels olijfolie of rundvleesdruppels.
- 2 midvanlgrote gehakte uien
- 1 kop gehakte knoflook
- 1 kleope hete peper
- Oregano
- Gehakte pepermunt en korianvanr
- Zout

OPSTRUCTIES:

a) Zet het kippenbloed op van koelkast om het af te laten koelen.
b) Fruit van knoflook, ui en peper op van olijfolie gedurenvan maximaal 10 moputen.
c) Voeg van gehakte kruivann en zout toe.
d) Verwijvanr het bloed, snijd het op kleope blokjes en voeg het toe aan het mengsel.
e) Goed roeren.
f) Voeg nog wat olie en zout naar smaak toe.

2. Drievoudige sandwiches op Latijns-Amerikaanse stijl

OPGREDIËNTEN:
- 4 eieren
- ¼ kopje mayonaise
- 8 sneetjes wit sandwichbrood, korstjes verwijvanrd
- 1 grote rijpe avocado
- 1 trosgerijpte tomaat, op plakjes gesnevann
- ½ theelepel elk zout en peper, vervaneld

OPSTRUCTIES:

a) Doe van eieren op een enkele laag op een schaal. Bevank 2,5 cm afstand met koud water.

b) Zet van schaal op hoog vuur en breng het water aan van kook.

c) Plaats een goed sluitend vanksel op van schaal en haal van het vuur. Laat 6 moputen staan.

d) Giet het water af en plaats van eieren gedurenvan 1 mopuut onvanr koud stromend water, of tot ze koel genoeg zijn om te hanteren. Pel en snijd elk ei.

e) Smeer op één kant van elk sneetje brood een dun laagje mayonaise.

f) Vervanel van avocado gelijkmatig over 2 sneetjes brood; breng op smaak met wat zout en peper. Beleg van avocado met een stuk brood, met van mayonaisekant naar boven.

g) Vervanel van tomaat gelijkmatig over van 2 sneetjes brood; breng op smaak met wat zout en peper.

h) Tomaat met een vanrvan stuk brood; mayonaise naar boven. Vervanel van gesnevann eieren gelijkmatig over van 2 sneetjes brood; breng op smaak met het resterenvan zout en peper.

i) Beleg met het laatste stuk brood; mayonaise naar benevann.

j) Snijd elke sandwich doormidvann, zodat je 4 porties krijgt.

3.Rovan Chilaquiles met gebakken eieren

OPGREDIËNTEN:
VOOR VAN SAUS:
- Eén blik van 12 ounce gepelvan tomaten, samen met een half kopje van van bijbehorenvan sappen
- 1 jalapeño, opclusief zavann, grof gesnevann
- 1 kleope witte ui, op blokjes gesnevann
- 2 chipotle pepers op adobosaus
- 4 teentjes knoflook
- ¼ kopje grof gehakte verse korianvanr
- 2 eetlepels plantaardige olie
- 1 eetlepel agavenectar
- Een snufje zout

VOOR MONTAGE:
- Plantaardige olie om te frituren
- Maïstortilla's, op driehoeken gesnevann of gescheurd
- Zout en peper
- Geraspte Monterey Jack-kaas
- Cotija-kaas
- Eieren
- Verse korianvanr

OPSTRUCTIES:
a) Begop met het plaatsen van alle sausopgrediënten, behalve van olie, agave en zout, op een blenvanr en mix tot een gladvan tegensistentie is bereikt. Verhit van plantaardige olie op een grote schaal op midvanlhoog vuur, voeg dan van gemengvan saus toe en roer tot vanze dikker wordt.
b) Voeg van agave en het zout toe. Hier kunt u uw eerste uitdagopg tegenkomen, namelijk het weerstaan van van verleidopg om alle saus te tegensumeren of vanze rechtstreeks uit van schaal te verslopvann met een zak Tostitos. Oefen terughouvanndheid.

MONTEREN
c) Verwarm van grill voor en begop met het bakken van van tortilla's. Verhit ongeveer ¼ opch olie op een schaal en bak van tortilladriehoeken op batches, draai ze halverwege om, totdat ze enigszops knapperig worvann, maar niet helemaal knapperig.
d) Laat van gefrituurvan tortilla's uitlekken op keukenpapier en kruid ze lichtjes met zout. Dit is je volgenvan uitdagopg: van verleidopg om alle saus met vanze bijna-chips te tegensumeren. Je moet je echter verzetten.
e) Leg op het door u gekozen gerecht (gebruik een braadschaal of gietijzeren koekenschaal voor een grotere bijeenkomst, of een taartvorm of sizzlebord voor een kleopere groep) een laag tortilla's, waarbij u ze gaanvanweg overlapt. Schep van saus erover tot het gewenste niveau van pittigheid (over het algemeen is meer beter), en bevank ze vervolgens royaal met beivan kazen. Het is acceptabel dat dit enigszops soepel overkomt; Sterker nog: dat zou het moeten zijn. Rooster het mengsel tot van kaas is gesmolten. Probeer op dit stadium geen vork te gebruiken.
f) Bak van eieren op een kleope schaal, zodat van dooiers ongekookt blijven, want je weet wat er gaat komen.
g) Schep porties van het pittige tortilla-brouwsel op opdividuele kommen, voeg een ei of twee toe, en wat verse korianvanr, en breng op smaak met zout en peper.

4.Tomaat en gebakken ei Ontbijt op toast

OPGREDIËNTEN:
- 4 dikke sneetjes boerenbrood
- Olijfolie
- 1 groot teentje knoflook, gepeld
- 1 grote rijpe tomaat, gehalveerd
- 4 grote eieren
- Zout en peper

OPSTRUCTIES:
a) Bestrijk beivan zijvann van van dikke sneetjes brood met een vleugje olijfolie en rooster ze op van oven of broodroosteroven op ongeveer 100°C tot ze goudbruop en knapperig zijn.
b) Zodra van toastjes klaar zijn, haal je ze uit van oven en wrijf je ze royaal op met het gepelvan teentje knoflook, gevolgd door van gesnevann kant van van tomaat.
c) Zorg ervoor dat je tijvanns het wrijven van sappige bopnenkant van van tomaat op van toast drukt. Strooi een snufje zout en peper op van toastjes.
d) Voeg op een grote koekenschaal of koekenschaal een dunne laag olijfolie toe en verwarm vanze op midvanlhoog vuur.
e) Breek van eieren op van schaal, breng ze op smaak met zout en peper, vank van schaal af en kook tot het eiwit gestold is, terwijl van dooiers vloeibaar blijven. Leg op elk stuk toast een gebakken ei en serveer.
f) Geniet van je heerlijke ontbijt!

5.Chocolavan Rijstpap

OPGREDIËNTEN:
- 1 kop kleefrijst
- 4 kopjes water
- ½ kopje cacaopoevanr
- ½ kopje suiker (aanpassen aan smaak)
- ½ kopje verdampte melk
- Snufje zout
- Geraspte kokosnoot of getegenvannseervan melk voor garneropg

OPSTRUCTIES:

a) Meng kleefrijst en water op een pot. Breng aan van kook en laat sudvanren tot van rijst gaar is en het mengsel dikker wordt.

b) Meng op een aparte kom het cacaopoevanr, van suiker, van verdampte melk en een snufje zout tot een chocolavansaus.

c) Meng van chocolavansaus met van gekookte rijst en roer goed.

d) Serveer warm, gegarneerd met geraspte kokosnoot of getegenvannseervan melk.

6.Ontbijt viskoekjes

OPGREDIËNTEN:
- 400 g kruimige aardappelen van het hoofdgewas , gekookt
- g kabeljauwfilet
- 225 ml volle melk
- 1 fijngesnevann reepje citroenschil
- 1 laurierblad
- 40 g boter
- 2 theelepel olijfolie
- 1 kleope ui, fijngehakt
- een handvol peterselie
- 1 theelepel vers citroensap
- 25 g gewone bloem
- 1 groot ei, losgeklopt
- 100 g vers wit broodkruim

OPSTRUCTIES:
a) Doe van vis, van melk, van citroenschil, het laurierblad en wat zwarte peper op een schaal. Vank af, breng aan van kook en laat 4 moputen sudvanren, of tot van vis net gaar is.
b) Smelt 15 g boter op een midvanlgrote schaal, voeg 1 theelepel olijfolie en van ui toe en kook zachtjes gedurenvan 6-7 moputen, tot ze zacht en doorschijnend maar niet bruop zijn. Voeg van aardappelpuree toe en laat ze doorwarmen; Voeg vervolgens van vis, peterselie, citroensap en 2 eetlepels stroperige melk toe en meng goed door elkaar.
c) Doe het ei op een ondiepe schaal en het schaaleermeel op een anvanre. Vorm met licht vochtige hanvann het mengsel op van bloem tot acht viskoekjes van ongeveer 1 cm dik. Haal ze door het losgeklopte ei en vervolgens door het schaaleermeel, leg ze op een bakplaat en zet ze 1 uur (of beter nog een hele nacht) op van koelkast.
d) Verhit van resterenvan boter en van laatste theelepel olie op een koekenschaal met antiaanbaklaag tot van boter is gesmolten, voeg van viskoekjes toe en bak ze vervolgens ongeveer 5 moputen aan elke kant zachtjes goudbruop.

7.Cubaanse Toast met Koffie met melk

OPGREDIËNTEN:
- Cubaans brood of stokbrood
- Boter
- Suiker
- Sterke Cubaanse koffie
- Melk

OPSTRUCTIES:
a) Snijd het Cubaanse of Franse brood op van gewenste dikte.
b) Rooster van plakjes tot ze goudbruop zijn.
c) Terwijl van toast nog warm is, smeert u op elk sneetje een royale hoeveelheid boter.
d) Strooi van suiker over van bebotervan toast en laat vanze iets smelten.
e) Zet een sterke kop Cubaanse koffie.
f) Verwarm een gelijke hoeveelheid melk tot vanze stoomt maar niet kookt.
g) Meng van koffie en van melk en creëer een Koffie met melk.
h) Dompel van gezoete toast op Koffie met melk en geniet van van heerlijke combopatie van smaken.

TWAALFUURTJE

8.Schaal tegen Chicharron

OPGREDIËNTEN:
- 4 kleope broodjes (zoals ciabatta of stokbrood)
- 1 pond varkensschouvanr, op dunne plakjes gesnevann
- 2 teentjes knoflook, fijngehakt
- 1 theelepel komijn
- ½ theelepel paprikapoevanr
- Zout en peper naar smaak
- Gesnevann zoete aardappelen
- Salsa criolla (uien, limoensap en chilipeper) als toppopg

OPSTRUCTIES:
a) Maropeer van plakjes varkensvlees op een kom met knoflook, komijn, paprikapoevanr, zout en peper. Laat het mopimaal 30 moputen maroperen.
b) Verhit wat olie op een schaal en bak het gemaropeervan varkensvlees totdat het knapperig en gaar is.
c) Snijd van broodjes doormidvann en leg er het gekookte varkensvlees, van gesnevann zoete aardappelen en van salsa criolla op.
d) Sluit van broodjes en serveer warm.

9. Gebakken Bakbananen

OPGREDIËNTEN:
- 2 groene bakbananen
- Plantaardige olie om te frituren
- Zout naar smaak

OPSTRUCTIES:

a) Begop met het schillen van van groene bakbananen. Om dit te doen, snijdt u van uiteopvann van van bakbananen af en maakt u een lengtegleuf langs van huid. Verwijvanr het vel door het van van weegbree weg te trekken.

b) Snijd van bakbananen op dikke plakjes van ongeveer 2,5 cm dik.

c) Verhit plantaardige olie op een diepe koekenschaal of koekenschaal op midvanlhoog vuur. Zorg ervoor dat er voldoenvan olie is om van plakjes bakbanaan volledig onvanr te dompelen.

d) Voeg van plakjes bakbanaan voorzichtig toe aan van hete olie en bak ze ongeveer 3-4 moputen aan elke kant of tot ze goudbruop zijn.

e) Haal van plakjes gebakken bakbanaan uit van olie en plaats ze op een met keukenpapier beklevan plaat om van overtollige olie af te tappen.

f) Neem elk plakje gebakken bakbanaan en maak het plat met van bovanm van een glas of keukengereedschap dat speciaal is ontworpen om plat te maken.

g) Leg van platgedrukte bakbananenplakken terug op van hete olie en bak ze nog eens 2-3 moputen aan elke kant tot ze knapperig en goudbruop worvann.

h) Eenmaal gebakken tot het gewenste knapperigheidsniveau, haalt u van Patategenes/Gebakken Bakbananen uit van olie en legt u ze op een met keukenpapier beklevan plaat om overtollige olie af te tappen.

i) Bestrooi van Patategenes/Gebakken Bakbananen met zout naar smaak terwijl ze nog warm zijn.

j) Serveer van Patategenes/Gebakken Bakbananen als bijgerecht of als basis voor toppopgs of vullopgen, zoals guacamole, salsa of gerapst vlees.

10. Ceviche van witte vis

OPGREDIËNTEN:
- 1 pond verse witte visfilets (zoals bot of snapper), op hapklare stukjes gesnevann
- 1 kopje vers limoensap
- 1 kleope rovan ui, op dunne plakjes gesnevann
- 1-2 verse rocoto- of habanero-pepers, zonvanr zaadjes en fijngehakt
- ½ kopje gehakte verse korianvanr
- ¼ kopje gehakte verse muntblaadjes
- 2 teentjes knoflook, fijngehakt
- Zout, naar smaak
- Versgemalen zwarte peper, naar smaak
- 1 zoete aardappel, gekookt en op plakjes gesnevann
- 1 korenaar, gekookt en korrels verwijvanrd
- Slablaadjes, om te serveren

OPSTRUCTIES:

a) Meng van stukjes vis op een niet-reactieve kom met het limoensap en zorg ervoor dat van vis volledig bevankt is.

b) Laat het ongeveer 20-30 moputen op van koelkast maroperen totdat van vis ondoorzichtig wordt.

c) Giet het limoensap uit van vis en gooi het sap weg.

d) Meng op een aparte kom van gemaropeervan vis met van rovan ui, rocoto- of habanero-pepers, korianvanr, munt en knoflook. Schud voorzichtig om te comboperen.

e) Breng op smaak met zout en versgemalen zwarte peper. Pas van hoeveelheid rocoto- of habanero-pepers aan volgens van gewenste pittigheid.

f) Laat van ceviche nog eens 10-15 moputen op van koelkast maroperen, zodat van smaken zich kunnen vermengen.

g) Serveer van ceviche gekoeld op een bedje van slablaadjes, gegarneerd met plakjes gekookte zoete aardappel en maïskorrels.

11. Pittig gemaropeervan ceviche

OPGREDIËNTEN:
- 1 pond verse visfilets (zoals bot, tong of snapper), op dunne plakjes gesnevann
- Sap van 3-4 limoenen
- 2 eetlepels ají-amarillopasta
- 2 teentjes knoflook, fijngehakt
- 1 eetlepel sojasaus
- 1 eetlepel olijfolie
- 1 theelepel suiker
- Zout, naar smaak
- Peper, naar smaak
- Verse korianvanr, gehakt, voor garneropg
- Rovan ui, op dunne plakjes gesnevann, voor garneropg
- Rocotopeper of rovan chilipeper, op dunne plakjes gesnevann, ter garneropg

OPSTRUCTIES:
a) Leg van dun gesnevann visfilets op een ondiepe schaal.
b) Meng op een kom het limoensap, van ají-amarillopasta, van gehakte knoflook, van sojasaus, van olijfolie, van suiker, het zout en van peper. Klop samen tot alles goed gemengd is.
c) Giet van maropavan over van vis en zorg ervoor dat elk plakje gelijkmatig bevankt is.
d) Laat van vis ongeveer 10-15 moputen op van koelkast maroperen. Van zuurgraad van het limoensap zal van vis lichtjes "koken".
e) Schik van gemaropeervan visplakken op een serveerschaal.
f) Druppel wat van van maropavan als dressopg over van vis.
g) Garneer van Tiradito/Latijns-Amerikaanse ceviche met gehakte verse korianvanr, op dunne plakjes gesnevann rovan ui en gesnevann rocotopeper of rovan chilipeper.
h) Serveer van Tiradito/Latijns-Amerikaanse Ceviche onmidvanllijk als voorgerecht of als licht hoofdgerecht.

12. Tamales op Latijns-Amerikaanse stijl

OPGREDIËNTEN:

- 2 kopjes masa haropa (maismeel)
- ½ kopje plantaardige olie
- 1 kop kippen- of varkensbouillon
- 1 theelepel aji Amarillo-pasta (gele chilipasta op Latijns-Amerikaanse stijl)
- ½ kopje gekookte en versnippervan kip of varkensvlees
- 2 gekookte eieren, op plakjes gesnevann
- Gesnevann olijven en rozijnen voor van vullopg
- Bananenblavanren of maïsschillen om op te pakken

OPSTRUCTIES:

a) Meng op een grote kom van masa haropa, plantaardige olie, kippen- of varkensbouillon en aji Amarillo-pasta. Meng tot je een glad vaneg hebt.

b) Neem een bananenblad of maïsschil, leg er een lepel vaneg op en spreid het uit.

c) Voeg een plakje ei, wat geraspte vlees, olijven en rozijnen toe aan het midvann van het vaneg.

d) Vouw het bananenblad of van maisschil om van tamale op te pakken, zodat er een netjes pakketje ontstaat.

e) Stoom van tamales ongeveer 45 moputen tot 1 uur, tot ze gaar en stevig zijn.

f) Serveer van tamales opdien gewenst met extra salsa criolla of aji-saus.

13.Ceviche van zwarte mosselen

OPGREDIËNTEN:
- 1 pond verse zwarte mosselen (tegenchas negras), schoongemaakt en gepeld
- 1 rovan ui, op dunne plakjes gesnevann
- 2-3 rocotopepers of anvanre pittige chilipepers, fijngehakt
- 1 kopje vers geperst limoensap
- ½ kopje vers geperst citroensap
- Zout naar smaak
- Verse korianvanrblaadjes, gehakt
- Maïskorrels (optioneel)
- Zoete aardappel, gekookt en op plakjes gesnevann (optioneel)
- Slablaadjes (optioneel)

OPSTRUCTIES:

a) Spoel van zwarte mosselen grondig af onvanr koud water om zand en gruis te verwijvanren. Schil van mosselen voorzichtig, gooi van schelpen weg en bewaar het vlees. Snijd het mosselvlees op hapklare stukjes.

b) Meng op een niet-reactieve kom van gehakte zwarte mosselen, plakjes rovan ui en rocoto- of chilipepers.

c) Giet het vers geperste limoen- en citroensap over het mosselmengsel en zorg ervoor dat alle opgrediënten bevankt zijn met het citroensap. Dit zal helpen van mosselen te "koken".

d) Breng op smaak met zout en meng alles voorzichtig.

e) Bevank van kom met plasticfolie en zet hem ongeveer 30 moputen tot 1 uur op van koelkast. Gedurenvan vanze tijd zal het zuur uit het citroensap van mosselen vervanr maroperen en "koken".

f) Proef voor het serveren van ceviche en pas opdien nodig van smaak aan.

g) Garneer met vers gehakte korianvanrblaadjes.

h) Optioneel: Serveer van ceviche met gekookte maïskorrels, gesnevann zoete aardappelen en slablaadjes voor extra textuur en bijgerechten.

i) Serveer van Ceviche van Tegenchas Negras/Black Clam Ceviche gekoeld als voorgerecht of hoofdgerecht. Geniet ervan met geroostervan maïskorrels (cancha) of knapperige maïstortilla's.

j) Let op: Het is belangrijk om voor vanze ceviche verse en hoogwaardige zwarte mosselen te gebruiken. Zorg ervoor dat van mosselen afkomstig zijn van betrouwbare leveranciers van zeevruchten en vóór gebruik goed worvann schoongemaakt.

14.Gevulvan Aardappel

OPGREDIËNTEN:
- 4 grote aardappelen, geschild en op vieren
- 1 eetlepel plantaardige olie
- 1 kleope ui, fijngehakt
- 2 teentjes knoflook, fijngehakt
- ½ pond runvanrgehakt of gehakt naar keuze
- 1 theelepel gemalen komijn
- ½ theelepel paprikapoevanr
- Zout en peper naar smaak
- 2 hardgekookte eieren, gehakt
- 12 olijven, ontpit en gehakt
- Plantaardige olie om te frituren

OPSTRUCTIES:
a) Doe van aardappelen op een grote schaal met gezouten water en breng aan van kook.
b) Kook van aardappelen tot ze gaar zijn, ongeveer 15-20 moputen.
c) Giet van aardappelen af en doe ze op een grote kom.
d) Pureer van aardappelen tot een gladvan massa en zet opzij.
e) Verhit van plantaardige olie op een koekenschaal op midvanlhoog vuur.
f) Voeg van gesnippervan ui en van gehakte knoflook toe en bak tot ze zacht en doorschijnend zijn.
g) Voeg het gehakt toe aan van koekenschaal en kook tot het bruop en volledig gaar is. Vervanel grote stukken vlees met een lepel.
h) Breng het vleesmengsel op smaak met gemalen komijn, paprikapoevanr, zout en peper. Roer goed om van kruivann gelijkmatig te comboperen.
i) Haal van koekenschaal van het vuur en roer van gehakte hardgekookte eieren en olijven erdoor.
j) Meng alles tot het goed is opgenomen.
k) Neem een portie van van aardappelpuree (ongeveer zo groot als een kleope tennisbal) en druk vanze plat op je hand. Plaats een lepel van het vleesmengsel op het midvann van van platgedrukte aardappel en vorm het aardappelvaneg rond van vullopg tot een bal. Herhaal het proces met het resterenvan aardappelpuree- en vleesmengsel.
l) Verhit op een grote koekenschaal of frituurschaal voldoenvan plantaardige olie om op midvanlhoog vuur te frituren. Leg van aardappelballetjes voorzichtig op van hete olie en bak ze tot ze goudbruop en krokant zijn aan alle kanten. Haal van Papa Rellena/Gevulvan Aardappel uit van olie en laat ze uitlekken op een met keukenpapier bekleed bord.
m) Serveer van Papa Rellena/Gevulvan Aardappel warm als voorgerecht of hoofdgerecht. Ze kunnen op zichzelf worvann gegeten of met salsa criolla (een traditionele saus van uien en tomaten op Latijns-Amerikaanse stijl) of aji-saus (een pittige saus op Latijns-Amerikaanse stijl).
n) Geniet van van heerlijke smaken van van Papa Rellena/Gevulvan Aardappel terwijl ze nog warm en knapperig zijn.

15.Kaassticks met duiksaus

OPGREDIËNTEN:
- 12 loempiavelletjes (of wontonvellen)
- 12 plakjes kaas fresco (verse witte kaas)
- 1 ei, losgeklopt (voor het sluiten van van wikkels)
- Olie om te frituren

Voor van duiksaus:
- 2 eetlepels aji-amarillopasta
- ¼ kopje mayonaise
- 1 eetlepel limoensap
- Zout en peper naar smaak

OPSTRUCTIES:
a) Leg een loempiavelletje neer, plaats een plakje kaas fresco op het midvann, rol het op en sluit van ranvann af met losgeklopt ei.
b) Verhit olie op een schaal om te frituren.
c) Bak van tequeños tot ze goudbruop en krokant zijn.
d) Meng voor van duiksaus aji-amarillopasta, mayonaise, limoensap, zout en peper.
e) Serveer van tequeños met van duiksaus.

16. Yuca frietjes

OPGREDIËNTEN:
- 2 pond yuca (cassave), geschild en op frietjes gesnevann
- Olie om te frituren
- Zout naar smaak

OPSTRUCTIES:
a) Verhit van olie op een frituurschaal of een grote schaal tot 175°C.
b) Bak van yuca-friet op porties tot ze goudbruop en knapperig zijn, ongeveer 4-5 moputen.
c) Verwijvanr en laat uitlekken op keukenpapier.
d) Bestrooi met zout en serveer warm.

17.Ceviche op Latijns-Amerikaanse stijl

OPGREDIËNTEN:
- 1 pond witte vis (zoals zeebaars of tong), op kleope stukjes gesnevann
- 1 kopje vers limoensap
- 1 rovan ui, fijn gesnevann
- 2-3 aji limo-pepers (of anvanre hete chilipepers), fijngehakt
- 1-2 teentjes knoflook, fijngehakt
- 1 zoete aardappel, gekookt en op plakjes gesnevann
- 1 korenaar, gekookt en op rondjes gesnevann
- Verse korianvanr, gehakt
- Zout en peper naar smaak

OPSTRUCTIES:

a) Meng op een grote kom het vis- en limoensap. Het zuur op het limoensap zal van vis "koken". Laat het ongeveer 10-15 moputen maroperen.

b) Voeg van gesnevann rovan ui en aji limo-pepers toe aan van gemaropeervan vis. Goed mengen.

c) Breng op smaak met gehakte knoflook, zout en peper.

d) Serveer van ceviche met gekookte zoete aardappelschijfjes, maïsrondjes en een garnituur van verse korianvanr.

18. Aardappelen op Huancayo-stijl

OPGREDIËNTEN:
- 4 grote gele aardappelen
- 1 kopje aji amarillo-saus (gemaakt van gele chilipepers op Latijns-Amerikaanse stijl)
- 1 kopje kaas fresco (verse kaas op Latijns-Amerikaanse stijl), verkruimeld
- 4 zoute crackers
- ¼ kopje verdampte melk
- 2 eetlepels plantaardige olie
- 2 hardgekookte eieren, op plakjes gesnevann
- Zwarte olijven ter garneropg
- Slablaadjes (optioneel)

OPSTRUCTIES:
a) Kook van aardappelen tot ze zacht zijn, schil ze en snijd ze op rondjes.
b) Meng op een blenvanr aji-amarillosaus, kaas fresco, zoute crackers, verdampte melk en plantaardige olie. Blend tot je een romige saus hebt.
c) Schik van aardappelschijfjes op een bord (eventueel op slablaadjes).
d) Giet van Huancaína-saus over van aardappelen.
e) Garneer met hardgekookte eierschijfjes en zwarte olijven.
f) Serveer koud.

19. Gevulvan avocado

OPGREDIËNTEN:
- 2 rijpe avocado's, gehalveerd en ontpit
- 1 blikje tonijn, uitgelekt
- ¼ kopje mayonaise
- ¼ kopje gehakte verse korianvanr
- ¼ kopje rovan ui, fijngehakt
- Limoensap
- Zout en peper naar smaak
- Slablaadjes om te serveren

OPSTRUCTIES:

a) Schep een vanel van het avocadovlees uit het midvann van elke avocadohelft, zodat er een holte ontstaat.

b) Meng op een kom van tonijn, mayonaise, korianvanr, rovan ui en een scheutje limoensap. Breng op smaak met zout en peper.

c) Vul van avocadohelften met het tonijnmengsel.

d) Serveer op een bedje van slablaadjes.

e) Geniet van vanze extra hapjes en twaalfuurtje op Latijns-Amerikaanse stijl!

20. Gevulvan Sardopes

OPGREDIËNTEN:
- 14 grote (of 20 kleope sardientjes)
- 14-20 verse laurierblaadjes
- 1 sopaasappel, op van lengte gehalveerd en vervolgens op plakjes gesnevann
- voor van vullopg
- 50 g krenten
- 4 el extra vergope olijfolie
- 1 ui, fijngehakt
- 4 teentjes knoflook, fijngehakt
- snufje gemalen gedroogvan pepers
- 75 g vers wit broodkruim
- 2 el versgehakte platte peterselie
- 15 g ansjovisfilets op olijfolie, uitgelekt
- 2 eetlepels kleope kappertjes, fijngehakt
- schil van ½ kleope sopaasappel, plus sopaasappelsap
- 25 g fijn geraspte Pecoropo of Parmezaanse kaas
- 50 g pijnboompitten, licht geroosterd

OPSTRUCTIES:
a) Voor van vullopg van krenten onvanrdompelen op heet water en 10 moputen laten staan, zodat ze opzwellen. Verhit van olie op een koekenschaal, voeg van ui, knoflook en gemalen gedroogvan pepers toe en laat 6-7 moputen zachtjes koken tot van ui zacht maar niet bruop is. Haal van schaal van het vuur en roer het schaaleermeel, van peterselie, van ansjovis, van kappertjes, van sopaasappelschil en het sap, van kaas en van pijnboompitten erdoor. Giet van krenten goed af, roer ze erdoor en breng ze op smaak met peper en zout.
b) Schep ongeveer 1½ eetlepel vullopg langs het hoofvanopvan van elke sardope en rol ze op richtopg van staart. Verpak ze stevig op van geolievan, ondiepe ovenschaal .
c) Kruid van vis lichtjes met peper en zout, besprenkel met nog wat olie en bak gedurenvan 20 moputen. Serveer op kamertemperatuur, of koud als onvanrvanel van een assortiment antipasti.

21.Pittige garnalen op Braziliaanse wijze

OPGREDIËNTEN:
- 2 pond Jumbo garnalen, gepeld en ontdaan van darmen
- 1 eetlepel Gehakte knoflook
- 1 eetlepel Fijngehakte verse rovan cayennepeper, zonvanr zaadjes
- ½ kopje extra vergope olijfolie, bij voorkeur geïmporteerd uit Brazilië
- ½ kopje extra vergope olijfolie
- Rovan hete pepersaus, naar smaak

OPSTRUCTIES:
a) Meng van garnalen op een glazen ovenschaal met van knoflook, pepers en olijfolie. Vank af en maropeer, gekoeld, gedurenvan mopimaal 24 uur. Verwarm van grill of grill voor en kook van garnalen, af en toe bestrijkend met maropavan, gedurenvan 2 tot 3 moputen per kant.

b) Roer op een kleope kom ½ kopje olijfolie en rovan pepersaus naar smaak door elkaar.

c) Serveer van hete gegrilvan garnalen met van duiksaus.

BIJGERECHT

22.Pozol

OPGREDIËNTEN:
- 1-1/2 kopjes gedroogvan homopy
- 1/2 kopje gehakte uien
- 1/2 kop geroostervan, geschilvan en gehakte verse groene New Mexico, Anaheim of Poblano chilipepers
- 1 theelepel gedroogvan bladoregano
- 1/4 kop gehakte tomaat
- 3/4 theelepel zout
- 1/2 theelepel versgemalen zwarte peper

OPSTRUCTIES:

a) Geniet van van homopie. Van dag voordat je van Pozole wilt serveren, doe je van homopy op een kom, bevank hem met enkele centimeters water en laat hem 24 uur bij kamertemperatuur weken.

b) Kook van pozole. Giet van homop af en gooi het weekwater weg. Spoel van homopy af, doe hem op een pot en bevank hem met 5 cm water. Breng aan van kook, voeg van overige opgrediënten toe en laat, gevaneltelijk afgevankt, ongeveer 2-2-1/2 uur sudvanren tot van korrels beetgaar zijn en op het punt staan te barsten.

c) Haal het vanksel van van schaal en blijf sudvanren totdat bijna al het vocht is verdampt.

23.Gegrilvan Vijgcactus

OPGREDIËNTEN:
- 4 midvanlgrote maar dunne cactusvijgpedvanls Zout
- Bak spray

OPSTRUCTIES:

a) Start een houtskool- of houtvuur of verwarm een gasgrill voor op van hoogste stand.

b) Bereid van cactus voor. Verwijvanr eventuele stekels of knopen van van pedvanls met een schilmesje of het uiteopvan van een dunschiller, gebruik een tang en zorg ervoor dat u niet gewond raakt door van stekels. Snijd af en gooi ongeveer 1/4 opch van van omtrek van elke pedvanl weg. Maak parallelle plakjes op van pedvanls op van lengte, ongeveer 2,5 cm uit elkaar, vanaf van afgeronvan toppen tot ongeveer 5 cm van van basis van elke pedvanl. Gooi van pedvanls met voldoenvan zout om beivan kanten te bevankken en laat ze 15 moputen op een vergiet of op een bord staan.

c) Grill van cactus. Spoel het zout af, droog van cactus en besproei beivan kanten royaal met kookspray. Grill aan beivan kanten gaar en serveer met gegrild voedsel.

24.Gevulvan brevan pepers

OPGREDIËNTEN:
VOOR VAN CHILI
- 1 eetlepel olie
- 2 kopjes dun gesnevann witte ui
- 3 teentjes knoflook, gepeld en geplet
- 2 eetlepels tamaropvanpasta opgelost op 2 kopjes heet water
- 1 kopje melao (rietsuikerstroop) of bruope suiker
- 1/2 theelepel gedroogvan bladoregano
- 1/2 theelepel gedroogvan tijm
- 1/2 theelepel zout
- 8 midvanlgrote tot grote ancho chilipepers, aan één kant opengesnevann, zaadjes verwijvanrd

VOOR VAN VULLOPG
- 4 kopjes zoete aardappelen met geroostervan knoflook
- Geroostervan Wortelen
- 2 ons geitenkaas, geraspt
- Snufje zout
- 2 theelepels extra vergope olijfolie

OPSTRUCTIES:
a) Bereid van chilipepers voor. Verhit van olie op laag tot midvanlhoog vuur op een midvanlgrote schaal. Voeg van ui toe en bak tot vanze lichtbruop is. Voeg van knoflook toe en kook nog een mopuut.
b) Roer het water met tamaropvansmaak, melao, oregano, tijm en zout erdoor.
c) Voeg van chilipepers toe, vank af en kook op een laag pitje gedurenvan 10 moputen.
d) Haal van schaal van het vuur, haal het vanksel eraf en laat mopimaal 10 moputen afkoelen.
e) Maak van vullopg. Terwijl van chilipepers afkoelen, combopeer je van zoete aardappelen en/of wortels en kaas fresco of schaalela. Meng het zout en van olie door elkaar en meng het met van groenten.
f) Vul van chilipepers en serveer ze. Haal van chilipepers met een grote schuimspaan uit een zeef en laat ze 5 moputen uitlekken.
g) Schep voorzichtig ongeveer 1/4 kopje van van vullopg op elke chilipeper en plaats er 2 op elk van van vier borvann. Schep op elke portie een beetje ui en strooi er kaas over. Serveer op kamertemperatuur.

25. Bonen op Latijns-Amerikaanse stijl

OPGREDIËNTEN:

- 1 pond Bonen, gedroogd
- 1 Ui, op blokjes gesnevann
- ¼ Groene paprika, op blokjes gesnevann
- 3 Knoflookteentjes, op blokjes gesnevann
- 8 ons Tomatensaus
- 2 eetlepels Olijfolie
- 2 theelepels Zout
- 1 theelepel Zout
- 2 kopjes Water
- 1 kopje Rijst, langkorrelig

OPSTRUCTIES:

a) BONEN BEREIVANN: Week van bonen mopimaal twee uur (een nachtje mag ook). Ververs het water en breng aan van kook.

b) Voeg van ui, peper en knoflook toe; vank af en laat 1 uur sudvanren.

c) Voeg van tomatensaus, olijfolie en zout toe: vank af en laat nog 1 uur sudvanren.

d) Breng het water aan van kook. Voeg van rijst en het zout toe.

e) Vank af en laat 20 moputen sudvanren.

NET

26. Warmte galego

OPGREDIËNTEN:
- ½ pond Gedroogvan witte bonen; een nacht geweekt,
- En leeggelopen
- 1 pond Kippendijen
- ½ pond Spaanse of Latijns-Amerikaanse chorizoworst; op stukken van 1/2 "gesnevann
- ½ pond Ham; gehakt
- ¼ pond Zout varkensvlees; op blokjes gesnevann
- 1 midvanl Gele ui; geschild en gehakt
- 3 Knoflookteentjes; geschild en gehakt
- 2 theelepels Worcestershire saus
- Tabasco saus; paar streepjes naar smaak
- 2½ kwart Water
- ½ pond Aardappelen; geschild, op vieren gevaneld,
- En gesnevann
- ½ pond Groene kool; dun gesnevann
- 2 kopjes Boerenkool; harvan stengels verwijvanrd,
- En dun gesnevann
- ½ pond Rapen; geschild, op vieren gevaneld,
- En gesnevann
- Zout; proeven
- Vers gemalen zwarte peper; proeven
- Gehakte verse dille voor garneropg; (optioneel)

OPSTRUCTIES:
a) Doe van uitgelekte bonen, kip, chorizo, ham, gezouten varkensvlees, ui, knoflook, Worcestershiresaus, Tabasco-saus en water op een soepschaal van 6 tot 8 liter.

b) Breng aan van kook en zet het dan aan van kook. Kook, afgevankt, gedurenvan 45 moputen.

c) Haal van stukken kip uit van schaal en ontbeen. Zet het vlees opzij en gooi van botten weg. Voeg van overige opgrediënten, behalve het zout, van peper en van kip, toe aan van schaal. Laat het geheel afgevankt 25 moputen sudvanren en voeg dan zout en peper toe.

d) Doe het kippenvlees terug op van schaal en laat nog een paar moputen sudvanren. Werk af met van optionele dille.

27.Varken en bonen

OPGREDIËNTEN:
- 1 eetlepel Koolzaadolie
- 6 Spareribs van varkenshaas
- 1 midvanl Wortel - blokjes van 1/2 "
- 2 mediums Uien - op blokjes
- 6 Teentjes knoflook
- 3 Laurierblaadjes
- 1 theelepel Oregano
- 1 pond Kan hele tomaten
- 1 kleop Jalapenopeper - gehakt
- 2 theelepels Zout
- 1 pond Gedroogvan bruope bonen
- 1 bos Korianvanr

OPSTRUCTIES:

a) Verhit van olie op een stevige schaal. Als het warm is, voeg je het varkensvlees op één laag toe en kook je het op midvanlhoog vuur gedurenvan ongeveer 30 moputen, waarbij je het draait tot het aan alle kanten bruop is. Voeg 4 kopjes koud water en alle overige opgrediënten toe, behalve van gehakte korianvanrblaadjes.

b) Breng aan van kook, zet het vuur laag, vank af en laat 1+¾ tot 2 uur zachtjes sudvanren, tot het vlees gaar is.

c) Vervanel over vier afzonvanrlijke borvann, bestrooi met van gehakte korianvanrblaadjes en serveer met gele rijst.

28. Rovan bonen en rijst

OPGREDIËNTEN:
- ¼ kopje Olijfolie
- 2 kopjes Gehakte uien
- 1 eetlepel Gehakte knoflook
- 1 pond Gedroogvan rovan bonen; gespoeld, geweekt; en leeggemaakt (tot)
- 5 kopjes Kippen bouillon
- 2 Laurierblaadjes
- 1 Stuk kaneelstokje
- Hete pepersaus naar smaak

OPSTRUCTIES:
a) Verhit van olie op een grote, zware schaal. Voeg van uien toe en bak al roerend tot ze bevankt zijn met olie. Vank af en kook op zeer laag vuur, af en toe roerend, tot ze goudbruop zijn, ongeveer 15 moputen. Roer van knoflook erdoor en bak 3 moputen, onafgevankt.

b) Voeg van bonen en van bouillon toe aan van ui. Verhit tot het kookpunt en kook, afgevankt, op laag vuur gedurenvan 2 uur. Voeg van laurierblaadjes en kaneel toe. Vank af en blijf koken tot van bonen heel zacht zijn, nog ongeveer 1 uur.

c) Breng op smaak met zout en hete rovan pepersaus. Van bonen kunnen tot 24 uur voor het serveren worvann bereid. Verwarm en voeg opdien nodig extra bouillon toe.

29.Rijstijs met duivenerwten

OPGREDIËNTEN:
- ½ pond Gedroogvan gandules (duivenerwten); gespoeld
- 3 kopjes Water
- 1-ounce Zout varkensvlees; kleop gesnevann
- 2 Knoflookteentjes; geschild en geplet
- 1 eetlepel Olijfolie
- 1 midvanl Rovan paprika; geboord, gezaaid,
- En kleop gesnevann
- 1 midvanl Groene paprika; geboord, gezaaid,
- En kleop gesnevann
- 1 midvanl Gele ui; kleop gesnevann
- 1 midvanl Tomaat; kleop gesnevann
- 1 eetlepel Annatto-olie
- 1 kopje Van omgezette rijst van oom Ben
- Vers gemalen zwarte peper; proeven
- 2 kopjes Koud water
- Zout; proeven

OPSTRUCTIES:
a) Breng van gandules en 3 kopjes water op een kleope schaal aan van kook. Vank af, zet het vuur uit en laat 1 uur staan.

b) Giet van erwten af, bewaar het water. Op een schaal van 6 liter bak je het gezouten varkensvlees, van ham en van knoflook een paar moputen op van olijfolie. Voeg beivan paprika's en van ui toe, vank af en kook op midvanlhoog vuur tot van ui transparant begopt te worvann.

c) Voeg van tomaat, van uitgelekte gandules en 1½ kopje van het gereserveervan water toe. Laat afgevankt op laag vuur gedurenvan 15 moputen sudvanren tot van erwten bijna gaar zijn en het meeste vocht verdwenen is.

d) Roer van Annatto-olie, rijst, zwarte peper en 2 kopjes koud water erdoor.

e) Breng aan van kook en laat afgevankt 15 tot 20 moputen sudvanren tot van vloeistof is opgenomen en van rijst gaar is. Voeg opdien nodig zout toe.

30.Zeevruchten asopado

OPGREDIËNTEN:
- 1 Ui; op blokjes gesnevann
- 1 Rovan peper; op blokjes gesnevann
- 1 Groene paprika; op blokjes gesnevann
- 2 Stukjes bleekselvanrij; op blokjes gesnevann
- Garnalenschelpen van rijstschotel
- Kreeftschelpen van rijstgerecht
- ½ kopje witte wijn
- ½ kopje Tomatensaus
- 2 kwart Water
- 1 Ui; op blokjes gesnevann
- 1 Rovan peper; op blokjes gesnevann
- 1 Groene paprika; op blokjes gesnevann
- 2 Geroostervan pepers; op blokjes gesnevann
- 2 kopjes Rijst
- 8 kopjes Zeevruchtenbouillon
- ½ pond Krabvlees
- 1 snuifje Saffraan
- 1 pond Kreeft; gestoomd
- ½ pond Garnaal
- ½ kopje Zoete erwten

OPSTRUCTIES:

a) Fruit van uien, paprika en selvanrij. Voeg schelpen toe en kook gedurenvan 5 moputen. Voeg witte wijn en tomatensaus toe. Voeg water toe en laat 45 moputen koken. Zeef en reservevoorraad.

b) Fruit van uien en paprika en voeg van geroostervan paprika toe. Voeg van rijst toe en bak tot hij glazig is

c) Voeg van zeevruchtenbouillon, het krabvlees en van saffraan toe en kook ongeveer 15 moputen op laag vuur. Voeg kreeft, garnalen en zoete erwten toe. Verwarm 3 moputen voor het serveren

31.Huisgemaakte veganistische chorizo

OPGREDIËNTEN:
- 1 blok tofu, extra stevig
- ½ pond champignons, fijngehakt
- 6 Chili guajillo, gedroogd, zonvanr zaadjes
- 2 Chili-ancho, gedroogd, zonvanr zaadjes
- 4 Chili van Arbol, gedroogd
- 4 teentjes knoflook
- 1 eetl. Oregano, gedroogd
- ½ theelepel. Komijn, gemalen
- 2 Kruidnagelen, heel
- 1 eetl. Paprikapoevanr, gemalen
- ½ theelepel. Korianvanr, gemalen
- 2 eetlepels. Plantaardige olie, optioneel

OPSTRUCTIES:
a) Haal van tofu uit van verpakkopg en plaats vanze tussen twee kleope borvann. Plaats een blikje op van borvann en laat 30 moputen staan.
b) Breng een kleope schaal water aan van kook. Verwijvanr van stengels en zavann van van chilipepers en gooi ze weg. Laat van chilipepers op het kokenvan water vallen. Zet het vuur op van laagste stand en laat van chilipepers 10 moputen op het water zitten.
c) Haal van chilipepers uit het water en doe ze op van blenvanr. Bewaar een half kopje chili-weekvloeistof.
d) Voeg van knoflook, oregano, komijn, kruidnagel, paprika, korianvanr en ¼ kopje weekvloeistof toe aan van blenvanr en mix tot een gladvan massa. Voeg opdien nodig van resterenvan ¼ kopje weekvloeistof toe om alles op van blenvanr op bewegopg te krijgen.
e) Breng het chilimengsel op smaak met peper en zout en passeer door een fijne zeef. Opzij zetten.
f) Giet het water uit van tofu en verkruimel vanze met je hanvann op een grote kom. Giet van helft van het gepureervan chili-mengsel op van kom met van tofu en roer om te comboperen. Opzij zetten.
g) Verhit een grote koekenschaal op hoog vuur en voeg 1 eetl. van olie. Zodra van olie heet is, voeg je van fijngehakte champignons toe en blijf koken tot van champignons bruop begopnen te worvann, ongeveer 6-7 moputen.
h) Zet het vuur midvanlhoog en giet van resterenvan helft van het chilimengsel erbij. Roer en blijf 3-4 moputen koken, totdat van champignons het chilimengsel begopnen te absorberen. Haal het uit van schaal en doe het op een grote kom.
i) Verhit een koekenschaal met antiaanbaklaag op midvanlhoog vuur, voeg 1 eetl. van olie. Voeg het tofumengsel toe en blijf koken tot van vloeistof begopt te verdampen en van tofu knapperig wordt, 7-8 moputen. Je kunt van tofu zo krokant maken als je zelf wilt. (Pas op dat van schaal niet te vol raakt, anvanrs wordt van tofu nooit knapperig.)
j) Giet het gekookte tofumengsel op van kom met van champignons en meng goed om te comboperen. Pas van smaak aan.

32. Torta Ahogada

OPGREDIËNTEN:
TORTA'S:
- 2 Bolillo-broodjes of 15 cm lange baguettes, op tweeën gevaneld
- 1 kopje Refried bonen, met zwarte bonen
- 1 Rijpe Hass-avocado, ontpit, geschild

SAUS:
- 30 Chiles van Arbol, gesteeld, gezaaid en gerehydrateerd
- 3 teentjes knoflook
- 1 kopje water
- 1 theelepel. Gedroogvan oregano op Latijns-Amerikaanse wijze
- 1/2 theelepel. Gemalen komijn
- 1/2 theelepel. Vers gemalen zwarte peper
- 1/8 theelepel. Gemalen kruidnagel
- 1 theelepel. Zout

GARNIES:
- 2 Radijsjes, op dunne plakjes gesnevann
- 8 tot 12 Witte opgelegvan uien, gescheivann op ropgen
- Limoenpartjes

OPSTRUCTIES:
TORTA'S
a) Rooster van broodjes of baguettes lichtjes. Verwarm van bonen en vervanel ze gelijkmatig over elke rol. Voeg van avocadoplakken toe. Doe van sandwiches op kommen.

SAUS:
b) Pureer op een blenvanr of keukenmachope van gerehydrateervan chilipepers, knoflook, water, oregano op Latijns-Amerikaanse stijl , komijn, peper, kruidnagel en zout. (Zeef als je een heel gladvan saus wilt.)

c) Giet van saus over van sandwiches. Garneer van sandwiches met van gesnevann radijsjes en opgelegvan uien en serveer met partjes limoen. Eet vanze tortas met een vork en veel servetten.

33.Wees rijst

OPGREDIËNTEN:
- Saffraan Rijst
- 1 eetlepel bakolievervanger
- 1/2 kopje geblancheervan geschaafvan amanvanlen
- 1/3 kopje pijnboompitten
- 3 ons natriumarme ham, fijngehakt

OPSTRUCTIES:

a) Fruit van noten. Terwijl van saffraanrijst kookt, verwarm je een koekenschaal op midvanlhoog vuur. Voeg van bakolie toe en als vanze gesmolten is, voeg je van noten toe.

b) Fruit van noten, onvanr voortdurend roeren, tot van amanvanlen goudbruop begopnen te worvann. Haal van koekenschaal van het vuur, roer van ham erdoor en zet opzij.

c) Maak van rijst af. Nadat je van peterselie aan van saffraanrijst hebt toegevoegd, roer je van gekookte noten en ham erdoor, vank je van schaal af en laat je van rijst van laatste 10 moputen stomen.

34.Potbonen

OPGREDIËNTEN:
- 4 liter water
- 3 eetlepels zout
- 1 pond popto of zwarte bonen
- 3 teentjes knoflook, gehakt
- 1/3 kop gehakte witte uien
- 1 theelepel gedroogvan bladoregano
- 1 liter water, plus een beetje meer, opdien nodig
- 2 takjes epazote (optioneel met zwarte bonen)
- Zout naar smaak

OPSTRUCTIES:

a) Verwarm van bonen en laat ze weken. Doe van 4 liter water, het zout en van bonen op een schaal.

b) Breng aan van kook, vank van schaal af, haal hem van het vuur en laat van bonen 1 uur staan.

c) Gooi het weekwater weg, spoel van bonen grondig, spoel van pot uit en doe van bonen er weer op.

d) Maak van bonen af. Doe van knoflook, ui, oregano en 1 kopje water op een blenvanr en pureer. Voeg nog 3 kopjes water toe en meng kort.

e) Giet van gemengvan vloeistof op van schaal met van bonen, breng aan van kook en voeg van epazote toe, opdien gebruikt. Laat van bonen sudvanren, afgevankt met uitzonvanropg van ongeveer 1/2 opch, of net genoeg om wat stoom te laten ontsnappen, tot ze zacht zijn.

35. Charro of dronken bonen

OPGREDIËNTEN:
- Potbonen
- 1/2 eetlepel extra vergope olijfolie
- 1-1/2 ounces (ongeveer 3 eetlepels) chorizo op Latijns-Amerikaanse stijl, zonvanr vel en fijngehakt
- 3/4 kop gehakte witte ui
- 2 teentjes knoflook, fijngehakt
- 1 eetlepel fijngehakte Serrano chili
- 1 kop geplette tomaten
- 1/2 eetlepel gedroogvan bladoregano
- 1/4 kopje losjes verpakte korianvanr

OPSTRUCTIES:

a) Fruit en voeg van groenten toe. Als van Potbonen bijna gaar zijn, verwarm je van olijfolie op een koekenschaal op midvanlhoog vuur. Voeg van chorizo toe en kook tot het meeste vet is gesmolten. Voeg van ui, knoflook en chili toe en blijf koken tot ze zacht begopnen te worvann.

b) Voeg van tomaten en oregano toe en blijf koken tot van geplette tomaten dikker worvann en hun blikkerige smaak verliezen, ongeveer 5 moputen.

c) Voeg van korianvanr toe en giet van ophoud van van koekenschaal bij van bonen.

d) Maak van bonen af. Voeg het zout toe en laat 5 moputen koken.

36. Gefrituurvan bonen

OPGREDIËNTEN:
- 2 kopjes Potbonen gemaakt met popto of zwarte bonen, of licht gezouten of ongezouten bonen, bouillon gereserveerd
- 1 kopje bonenbouillon
- 2 theelepels gehakt, chipotle chili
- 1/2 theelepel gemalen komijn
- 1/2 theelepel gedroogvan bladoregano
- 2 eetlepels extra vergope olijfolie
- 2 teentjes knoflook, fijngehakt

OPSTRUCTIES:

a) Verwerk van bonen. Doe van bonen op een keukenmachope en voeg van bouillon, chipotle chili, komijn en oregano toe. Verwerk tot van bonen glad zijn. Voeg meer bouillon toe als ze te dik lijken.

b) Kook van bonen. Verhit een koekenschaal op midvanlhoog vuur en voeg het vet of van olie toe. Voeg van knoflook toe, laat vanze een paar setegenvann koken en voeg dan van gepureervan bonen toe. Kook, onvanr voortdurend roeren, tot van bonen gaar zijn en zo dik of dun zijn als je wilt.

c) Serveer eventueel met van kaas.

37. Bonen op Santa Maria-stijl

OPGREDIËNTEN:

- 1 pond popquitobonen, geweekt
- 1 eetlepel extra vergope olijfolie
- 1/2 kopje natriumarme ham, op dobbelstenen van 1/4 opch gesnevann
- 3 teentjes knoflook, fijngehakt
- 3/4 kop geplette tomaten
- 1/4 kop Chilisaus
- 1 eetlepel agavenectar of suiker
- 2 eetlepels gehakte peterselie

OPSTRUCTIES:

a) Kook van bonen. Giet van bonen af, doe ze op een pot en zet ze ongeveer 2,5 cm onvanr water. Breng aan van kook, vank van schaal gevaneltelijk af en laat sudvanren tot ze gaar zijn, 45-90 moputen. Tegentroleer ze regelmatig, want u zult waarschijnlijk af en toe meer water moeten toevoegen.

b) Bereid van kruivannsaus.

c) Doe van olijfolie op een koekenschaal op midvanlhoog vuur, voeg van knoflook toe en kook 1 mopuut. Roer van tomaten, van chilisaus, van agavenectar en het zout erdoor en laat van saus 2 à 3 moputen sudvanren tot hij net begopt op te dikken.

d) Maak van bonen af. Als van bonen gaar zijn, giet je alles behalve ongeveer een half kopje vloeistof af en roer je van kruivannsaus erdoor. Kook van bonen gedurenvan 1 mopuut, roer van peterselie erdoor en serveer.

TACOS

38. Rajas tegen Crema-taco's

OPGREDIËNTEN:
VULLOPG:
- 5 Poblano-paprika's, geroosterd, geschild, zonvanr zaadjes, op reepjes gesnevann
- 1/4 water
- 1 Ui, wit, groot, op dunne plakjes gesnevann
- 2 teentjes knoflook, fijngehakt
- ½ kopje groentebouillon of bouillon

CREMA
- ½ kopje amanvanlen, rauw
- 1 teentje knoflook
- ¾ kopje water
- ¼ kopje Amanvanlmelk, ongezoete of plantaardige olie
- 1 eetl. Citroensap vers

OPSTRUCTIES:
a) Verhit een grote koekenschaal op midvanlhoog vuur, voeg water toe. Voeg van ui toe en laat 2-3 moputen sudvanren, of tot hij zacht en doorschijnend is.

b) Voeg van knoflook en een half kopje groentebouillon toe, vank af en laat stomen.

c) Voeg van Poblano-paprika's toe en laat nog 1 mopuut koken. Breng op smaak met zout en peper. Haal van het vuur en laat iets afkoelen.

d) Doe van amanvanlen, knoflook, water, amanvanlmelk en citroensap op van blenvanr en verwerk tot een gladvan massa. Breng op smaak met zout en peper.

e) Giet van amanvanlcrema over van afgekoelvan vullopg en meng goed.

39.Topga-taco's van zoete aardappel en wortel

OPGREDIËNTEN:
- 1/4 kopje water
- 1 kop Dun gesnevann witte ui
- 3 teentjes knoflook, fijngehakt
- 2 1/2 kopjes Geraspte zoete aardappel
- 1 kop Geraspte wortel
- 1 blikje tomatenblokjes
- 1 theelepel. Oregano op Latijns-Amerikaanse stijl (optioneel)
- 2 Chipotle-pepers op adobo
- 1/2 kop Groentebouillon
- 1 avocado, op plakjes
- 8 Tortilla's

OPSTRUCTIES:
a) Voeg op een grote sauteerschaal op midvanlhoog vuur het water en van ui toe en kook 3-4 moputen, tot van ui doorschijnend en zacht is. Voeg van knoflook toe en blijf koken, al roerend gedurenvan 1 mopuut.
b) Voeg van zoete aardappel en wortel toe aan van schaal en kook 5 moputen, terwijl je regelmatig roert.
c) Saus:
d) Doe van tomatenblokjes, van groentebouillon, van oregano en van chipotlepaprika's op van blenvanr en maal tot een gladvan massa.
e) Voeg van chipotle-tomatensaus toe aan van schaal en kook 10-12 moputen, af en toe roerend, tot van zoete aardappelen en wortel gaar zijn. Voeg opdien nodig meer groentebouillon toe aan van schaal.
f) Serveer op warme tortilla's en beleg met plakjes avocado.

40.Aardappel- en Chorizo-taco's

OPGREDIËNTEN:
- 1 eetl. Plantaardige olie, optioneel
- 1 kopje ui, wit, fijngehakt
- 3 kopjes Aardappel, geschild, op blokjes gesnevann
- 1 kop Veganistische chorizo, gekookt
- 12 tortilla's
- 1 kopje Je favoriete salsa

OPSTRUCTIES:

a) Verhit 1 eetl. van olie op een grote koekenschaal op midvanlhoog vuur. Voeg van uien toe en kook tot ze zacht en doorschijnend zijn, ongeveer 10 moputen .

b) Terwijl van uien koken, doe je van gesnevann aardappelen op een kleope schaal met gezouten water. Breng het water op hoog vuur aan van kook. Zet het vuur midvanlhoog en laat van aardappelen 5 moputen koken.

c) Giet van aardappelen af en doe ze samen met van ui op van schaal. Zet het vuur midvanlhoog. Kook van aardappelen en uien gedurenvan 5 moputen of tot van aardappelen bruop begopnen te worvann. Voeg opdien nodig meer olie toe.

d) Voeg van gekookte chorizo toe aan van schaal en meng goed. Kook nog een mopuut.

e) Breng op smaak met zout en peper.

f) Serveer met warme tortilla's en van salsa naar keuze.

41.Zomer Calabacitas-taco's

OPGREDIËNTEN:
- 1/2 kop Groentebouillon
- 1 kopje ui, wit, fijngesnevann
- 3 teentjes knoflook, fijngehakt
- ¼ kopje groentebouillon of water
- 2 courgettes, groot, op blokjes gesnevann
- 2 kopjes Tomaat, op blokjes gesnevann
- 10 tortilla's
- 1 avocado, op plakjes
- 1 kop Favoriete Salsa

OPSTRUCTIES:

a) Op een grote pot met zware bovanm, op midvanlhoog vuur zetten; Zweet van ui op 1/4 kopje groentebouillon gedurenvan 2 tot 3 moputen tot van ui doorschijnend is.

b) Voeg van knoflook toe en giet van resterenvan ¼ kop groentebouillon erbij, vank af en laat stomen.

c) Ontvank, voeg courgette toe en kook 3-4 moputen, tot het zacht begopt te worvann.

d) Voeg van tomaat toe en kook nog 5 moputen, of tot alle groenten gaar zijn.

e) Breng op smaak en serveer op warme tortilla's met avocadoschijfjes en salsa.

42.Pittige taco's van courgette en zwarte bonen

OPGREDIËNTEN:
- 1 eetl. Plantaardige olie, optioneel
- ½ witte ui, op dunne plakjes gesnevann
- 3 teentjes knoflook, fijngehakt
- 2 courgettes op Latijns-Amerikaanse wijze, groot, op blokjes gesnevann
- 1 blikje zwarte bonen, uitgelekt

CHILI VAN ARBOL SAUS:
- 2 - 4 Chili van Arbol, gedroogd
- 1 kop Amanvanlen, rauw
- ½ Ui, wit, groot
- 3 teentjes knoflook, ongepeld
- 1 ½ kopje groentebouillon, warm

OPSTRUCTIES:

a) Verhit plantaardige olie tot midvanlhoog vuur op een grote koekenschaal. Voeg van ui toe en laat 2-3 moputen sudvanren, of tot van ui zacht en doorschijnend is.

b) Voeg van teentjes knoflook toe en kook 1 mopuut.

c) Voeg van courgette toe en kook tot ze gaar zijn, ongeveer 3-4 moputen. Voeg van zwarte bonen toe en meng goed. Laat nog 1 mopuut koken. Breng op smaak met zout en peper.

d) Om van saus te maken: verwarm een bakplaat, comal of gietijzeren schaal op midvanlhoog vuur. Rooster van chilipepers aan elke kant tot ze licht geroosterd zijn, ongeveer 30 setegenvann aan elke kant. Haal uit van schaal en zet opzij.

e) Voeg van amanvanlen toe aan van schaal en rooster ze goudbruop, ongeveer 2 moputen. Haal uit van schaal en zet opzij.

f) Rooster van ui en van knoflook tot ze licht verkoold zijn, ongeveer 4 moputen aan elke kant.

g) Doe van amanvanlen, ui, knoflook en chilipepers op van blenvanr. Voeg van warme groentebouillon toe. Verwerk tot een gladvan massa. Breng op smaak met zout en peper. Van saus moet dik en romig zijn.

43.Taco's met rundvlees op buffelstijl

OPGREDIËNTEN:
- 1 pond runvanrgehakt (95% mager)
- 1/4 kop cayennepepersaus voor Buffalo Wopgs
- 8 tacoschelpen
- 1 kop dun gesnevann sla
- 1/4 kop vetarm of normaal bereivan blauwe kaasdressopg
- 1/2 kop geraspte wortel
- 1/3 kop gehakte selvanrij
- 2 eetlepels gehakte verse korianvanr
- Wortel- en bleekselvanrijstengels of takjes korianvanr (optioneel)

OPSTRUCTIES:
a) Verhit een grote koekenschaal met anti-aanbaklaag op midvanlhoog vuur tot hij heet is. Voeg gehakt toe; kook 8 tot 10 moputen, breek het op kleope brokjes en roer af en toe. Haal uit van koekenschaal met een schuimspaan; giet druppels af. Keer terug naar van koekenschaal; pepersaus erdoor roeren. Kook en roer 1 mopuut of tot het gaar is.

b) Verwarm onvanrtussen van tacoschelpen volgens van aanwijzopgen op van verpakkopg .

c) Schep het rundvleesmengsel gelijkmatig op tacoschelpen. Sla toevoegen; besprenkel met dressopg. Bestrijk gelijkmatig met wortel, selvanrij en korianvanr. Garneer eventueel met wortel- en stengels bleekselvanrij of takjes korianvanr.

44.Tacowraps met rundvlees

OPGREDIËNTEN:
- 3/4 pond dun gesnevann vanli-rosbief
- 1/2 kop vetvrije zwarte bonenduik
- 4 grote bloemtortilla's (ongeveer 25 cm diameter).
- 1 kop dun gesnevann sla
- 3/4 kop gehakte tomaat
- 1 kopje geraspte taco-gekruivan kaas met verlaagd vetgehalte
- Salsa

OPSTRUCTIES:
a) Vervanel van zwarte bonenduik gelijkmatig over één kant van elke tortilla.
b) Leg vanli-rosbief over van bonenduik en laat een rand van 1/2 opch rond van ranvann. Strooi gelijke hoeveelhevann sla, tomaat en kaas over elke tortilla.
c) Vouw van rechter- en lopkerkant naar het midvann, overlappenvan ranvann. Vouw van onvanrkant van van tortilla over van vullopg heen en rol hem dicht.
d) Snijd elke rol doormidvann. Serveer eventueel met salsa.

45. Taco's van gegrild rundvlees op Vlees-stijl

OPGREDIËNTEN:
- 4 Flat Iron Steaks (ongeveer 8 ons elk)
- 18 kleope maïstortilla's (diameter 6 tot 7 opch)

TOPPOPGEN:
- Gehakte witte ui, gehakte verse korianvanr, partjes limoen

MAROPAVAN:
- 1 kopje bereivan tomatillo-salsa
- 1/3 kop gehakte verse korianvanr
- 2 eetlepels vers limoensap
- 2 theelepels gehakte knoflook
- 1/2 theelepel zout
- 1/4 theelepel peper
- 11/2 kopjes bereivan tomatillo-salsa
- 1 grote avocado, op blokjes gesnevann
- 2/3 kop gehakte verse korianvanr
- 1/2 kop gehakte witte ui
- 1 eetlepel vers limoensap
- 1 theelepel gehakte knoflook
- 1/2 theelepel zout

OPSTRUCTIES:

a) Combopeer van maropavan-opgrediënten op een kleope kom. Doe van biefstukken en maropavan op een voedselveilige plastic zak; draai steaks om te coaten. Sluit van zak veilig en maropeer 15 moputen tot 2 uur op van koelkast.

b) Haal van steaks uit van maropavan; gooi van maropavan weg. Leg van steaks op het rooster boven midvanlgrote, met as bevankte kolen. Grill, afgevankt, 10 tot 14 moputen (op midvanlhoog vuur op een voorverwarmvan gasgrill, 12 tot 16 moputen) voor medium rare (145°F) tot medium (160°F) gaarheid, af en toe draaien.

c) Meng onvanrtussen van avocado- salsa-opgrediënten op een midvanlgrote kom. Opzij zetten.

d) Tortilla's op het rooster leggen. Grill tot het warm en licht verkoold is. Verwijvanren; blijf warm.

e) Snijd van steaks op plakjes. Serveer op tortilla's met avocadosalsa. Garneer met ui, korianvanr en partjes limoen, naar wens.

46. Kleope taco-rundvleestaartjes

OPGREDIËNTEN:
- 12 ons gemalen rundvlees (95% mager)
- 1/2 kopje gehakte ui
- 1 teentje knoflook, fijngehakt
- 1/2 kopje bereivan milvan of medium tacosaus
- 1/2 theelepel gemalen komijn
- 1/4 theelepel zout
- 1/8 theelepel peper
- 2 pakjes (elk 2,1 ounce) bevroren mopi-phylloschelpen (op totaal 30 schelpen)
- 1/2 kopje geraspte kaasmix met verlaagd vetgehalte op Latijns-Amerikaanse stijl

TOPPOPGEN:
- Gesnippervan sla, gesnevann druiven- of kerstomaatjes, guacamole, magere zure room, gesnevann rijpe olijven

OPSTRUCTIES:
a) Verwarm van oven tot 350° F. Verhit een grote koekenschaal met anti-aanbaklaag op midvanlhoog vuur tot hij heet is. Voeg gehakt, ui en knoflook toe op een grote koekenschaal met anti-aanbaklaag op midvanlhoog vuur gedurenvan 8 tot 10 moputen, vervanel het rundvlees op kleope stukjes en roer af en toe. Giet opdien nodig van druppels af.

b) Voeg tacosaus, komijn, zout en peper toe; kook en roer 1 tot 2 moputen of tot het mengsel is opgewarmd.

c) Plaats van filovanschelpen op van omranvan bakplaat. Schep het rundvleesmengsel gelijkmatig op van schelpen. Bestrijk gelijkmatig met kaas. Bak 9 tot 10 moputen of tot van schelpen knapperig zijn en van kaas is gesmolten.

d) Beleg van taarten met sla, tomaten, guacamole, zure room en olijven, naar wens.

47.Kaasachtige taco-koekenschaal uit één pot

OPGREDIËNTEN:
- 1 pond mager runvanrgehakt
- 1 grote gele ui, op blokjes gesnevann
- 2 midvanlgrote courgettes, op blokjes gesnevann
- 1 gele paprika, op blokjes gesnevann
- 1 pakje tacokruivann
- 1 blik tomatenblokjes met groene pepers
- 1 1/2 kop geraspte cheddar of Monterey jack-kaas
- Groene uien voor garneropg
- Sla-, rijst-, bloem- of maïstortilla's om te serveren

OPSTRUCTIES:

a) Verhit een grote koekenschaal met anti-aanbaklaag op midvanlhoog vuur tot hij heet is. Voeg gehakt, ui,

b) courgette en gele paprika; kook 8 tot 10 moputen, breek het op kleope brokjes en roer af en toe. Giet opdien nodig van druppels af.

c) Voeg tacokruivann, 3/4 kopje water en op blokjes gesnevann tomaten toe. Zet het vuur laag en laat 7 tot 10 moputen sudvanren.

d) Bestrooi met geraspte kaas en groene uien. Niet roeren.

e) Als van kaas gesmolten is, serveer hem dan op een bedje van sla, rijst of op bloem- of maïstortilla's!

48.Roksteak straattaco's

OPGREDIËNTEN:
- 1 rokbiefstuk, gesnevann op porties van 4 tot 6 opch (1-1/2 tot 2 pond), over van korrel op dunne reepjes gesnevann
- 12 maïstortilla's van 15 cm
- 1/2 theelepel zout
- 1/4 theelepel cayennepeper
- 1/2 theelepel knoflookpoevanr
- 1/2 theelepel gehakte knoflook
- 1 theelepel olie
- 1 kopje op blokjes gesnevann ui
- 1/2 kop korianvanrblaadjes, grof gehakt
- 2 kopjes dun gesnevann rovan kool

KORIANTRO LIME VOPAIGRETTE:
- 3/4 kop korianvanrblaadjes
- Sap van 2 limoenen
- 1/3 kopje olijfolie
- 4 theelepels gehakte knoflook
- 1/4 kopje witte azijn
- 4 theelepels suiker
- 1/4 kopje melk
- 1/2 kopje zure room

OPSTRUCTIES:

a) Verhit olie op midvanlhoog vuur. Kruid van gesnevann biefstuk met zout, cayennepeper en knoflookpoevanr. Voeg van biefstuk toe aan van schaal en bak tot hij gaar is (8 tot 10 moputen). Voeg van knoflook toe en bak 1 tot 2 moputen langer tot van knoflook geurig is. Haal van het vuur en snijd van biefstuk op blokjes.

b) Meng alle opgrediënten voor van vopaigrette door elkaar. Voeg het mengsel toe aan een blenvanr en pulseer tot het glad is, ongeveer 1 tot 2 moputen.

c) Vul van opgewarmvan maistortilla's (gebruik er twee per taco) met biefstuk, ui, gehakte korianvanr en kool. Besprenkel met vopaigrette en serveer.

SOEPEN EN SALAVANS

49.Sopa Tarasca

OPGREDIËNTEN:
VOOR VAN TORTILLASTRIPS
- 2 tortilla's, op reepjes gesnevann van ongeveer 5 cm lang en 1/8 cm breed
- olie voor het bakken van van tortillareepjes

VOOR VAN SOEP
- 1 eetlepel olie
- 2/3 kop gehakte witte uien
- 2 teentjes knoflook, grof gehakt
- 2-1/4 kopjes, ongezouten gehakte tomaten met sap
- 1 eetlepel puur ancho chilipoevanr
- Ongeveer 5 kopjes natriumarme kippenbouillon
- 2 laurierblaadjes
- 1/2 theelepel hele gedroogvan tijm
- 1/4 theelepel marjoleop
- 1/4 theelepel gedroogvan bladoregano
- 1 theelepel zout, of naar smaak
- 1 kopje geraspte kaas-fresco, of vervang verse mozzarella
- 2 ancho chilipepers, stengels en zavann verwijvanrd, doormidvann gesnevann en 15 moputen op water gekookt
- 1/4 kopje zure room
- 1 groene ui, fijngehakt (alleen het groene vanel)

OPSTRUCTIES:

a) Bak van tortillareepjes. Verhit ongeveer 5 cm olie op een midvanlgrote schaal tot ongeveer 350 ° F. Bak van tortillareepjes tot ze knapperig zijn. Laat ze uitlekken op keukenpapier en reserveer.

b) Maak van soep. Verhit een koekenschaal op midvanlhoog vuur, voeg van olie toe en bak van uien en knoflook tot van uien zacht maar niet bruop zijn, 4 à 5 moputen. Doe ze op een blenvanr; Voeg van tomaten met hun sap en het chilipoevanr toe en pureer.

c) Voeg een kopje of twee bouillon toe (afhankelijk van wat je blenvanr nodig heeft), pulseer om te mengen en giet het mengsel op een pot.

d) Voeg van resterenvan bouillon, van laurierblaadjes, tijm, marjoleop, oregano en zout toe aan van pot. Breng aan van kook en laat 15 moputen koken.

e) Serveer van soep. Doe 1/4 kopje kaas en 1/2 zachte ancho chili op elk van van vier kommen. Schep van soep over van kaas en beleg vanze met zure room, tortillareepjes en groene ui.

50.Zwartebonensoep

OPGREDIËNTEN:
- 1/2 eetlepel extra vergope olijfolie
- 1/2 kop gehakte witte ui
- 3 teentjes knoflook, grof gehakt
- 1 heel kleope ancho chili, zonvanr zaadjes en op kleope stukjes gescheurd, of 1/2 grotere chili
- 1 theelepel gehakte chipotle chili
- 1 (15 ounce) blikje ongezouten zwarte bonen, opclusief het vloeibare 1/2 theelepel zout
- 3 kopjes natriumarme kippenbouillon
- 1/4 theelepel gemalen komijn
- 1/2 eetlepel gehakte korianvanr
- 1 takje epazote (optioneel)
- 1/2 theelepel gerookte zoete Spaanse paprika 1/2 theelepel zout, bij gebruik van ongezouten bonen 1/4 theelepel fijngemalen zwarte peper 1 theelepel vers geperst limoensap
- 1 eetlepel droge sherry

OPSTRUCTIES:
a) Maak van soep. Verhit van olijfolie op een midvanlgrote schaal op midvanlhoog vuur tot vanze glopstert. Voeg van ui toe en kook tot vanze zacht maar niet bruop is.
b) Voeg van knoflook toe en kook nog een mopuut, voeg dan beivan chilipepers toe en blijf koken, onvanr regelmatig roeren, 1-1/2-2 moputen.
c) Voeg van overige opgrediënten toe, behalve het limoensap en van sherry, breng aan van kook, vank gevaneltelijk af en laat 10 moputen sudvanren.
d) Laat het mengsel afkoelen. Verwijvanr van epazote en gooi vanze weg als u vanze heeft gebruikt. Giet van opgrediënten op een blenvanr en mix gedurenvan 2 moputen, of tot puree, opdien nodig op 2 batches.
e) Doe van soep terug op van schaal, breng aan van kook, roer het limoensap en van sherry erdoor en serveer.

51.Soep op Tlaschaal-stijl

OPGREDIËNTEN:

- 2 tomaten, geroosterd
- 6 kopjes natriumarme kippenbouillon
- 1/2 pond kipfilets zonvanr bot, zonvanr vel 1 eetlepel extra vergope olijfolie 1 kopje fijngehakte witte ui
- 2 teentjes knoflook, fijngehakt
- 3/4 kopje geschilvan en fijngehakte wortels
- 1-1/2 kopjes kekerbonen, uitgelekt en gespoeld
- 1 kop fijngehakte courgette
- 1/2 kop bevroren groene erwten, ontdooid
- 1 gedroogvan chipotle chili, of één chipotle plus 1 theelepel adobosaus
- 1 theelepel vers geperst limoensap 1/4 theelepel fijngemalen zwarte peper 1/4 theelepel zout, of naar smaak
- 1 midvanlgrote rijpe avocado, op stukken van 1/2 opch gesnevann 1/4 kopje geraspte cotija-kaas (optioneel) Limoenpartjes

OPSTRUCTIES:

a) Bereid van tomaten voor. Pureer van tomaten op een blenvanr of keukenmachope en zeef ze door het fijne mes van een voedselmolen of druk ze door een zeef. Reserveren.

b) Kook en versnipper van kip. Doe van bouillon en van kipfilets op een grote schaal, breng aan van kook en kook tot van kip gaar is, ongeveer 10 moputen. Haal van kip eruit en bewaar van bouillon.

c) Wanneer van kip voldoenvan is afgekoeld om te hanteren, versnippert u vanze en vervanelt u vanze over vier soepkommen.

d) Maak van soep. Verhit een grote schaal op midvanlhoog vuur. Voeg van olijfolie en van uien toe en bak tot van uien net bruop begopnen te worvann, ongeveer 5 moputen. Voeg van knoflook toe en kook nog 1 moputt. Voeg van bewaarvan bouillon en van overige opgrediënten toe, behalve van avocado en kaas, en laat 8-10 moputen sudvanren.

e) Maak af en serveer van soep. Verwijvanr van chili en schep van soep over van gekookte kip. Voeg gelijke porties avocado toe aan elke kom en garneer eventueel met wat kaas. Serveer met partjes limoen ernaast.

52.Dorp-soep

OPGREDIËNTEN:
- 2-1/2 eetlepels bakolie
- 4 ons geschilvan en gehakte aardappel
- 3-1/4 kopjes natriumarme kippenbouillon
- 1 kopje gehakte witte ui
- 2 kopjes geschilvan en gehakte courgette
- 3/4 kop geroosterd, geschild, gezaaid en gehakte Poblano-chili
- 1/4 volle theelepel gedroogvan tijm
- 1/4 theelepel zout
- 3/4 kop 2% melk
- 2 ons vanel magere melk

OPSTRUCTIES:
a) Kook van aardappelen en maak van bouillon. Verhit een schaal op midvanlhoog vuur. Smelt 1/2 eetlepel olie en voeg van aardappelen toe.
b) Bak van aardappelen tot ze zacht begopnen te worvann, maar laat ze niet bruop worvann, 4 à 5 moputen. Voeg 1-1/4 kopjes bouillon toe aan van schaal, vank af en laat 5 moputen sudvanren.
c) Giet van bouillon en van aardappelen op een blenvanr en mix ongeveer 2 moputen. Voeg van resterenvan bouillon toe en pulseer om te comboperen.

d) Kook van groenten. Smelt op midvanlhoog vuur van resterenvan olie op vanzelfvan schaal waarop je van aardappelen hebt gekookt. Roer van uien en courgette erdoor en kook tot van uien zacht maar niet bruop zijn, ongeveer 5 moputen.
e) Maak van soep. Voeg van rest van van chilipepers, tijm, zout, aardappelpuree en bouillon toe aan van groenten en laat 5 moputen sudvanren. Roer van melk erdoor en laat nog 5 moputen koken.

53.Aardappelsalavan

OPGREDIËNTEN:
VOOR VAN KLEDOPG
- 1/8 theelepel zout
- 1/4 theelepel peper
- 2 eetlepels extra vergope olijfolie
- 1 eetlepel fijngehakte bieslook
- 1 eetlepel fijngehakte peterselie
- 1 eetlepel fijngehakte korianvanr

VOOR VAN SALAVAN
- 1-1/4 kopjes geschilvan op blokjes gesnevann wortelen, stukjes van 1/2 opch
- 2-1/2 kopjes geschilvan en op blokjes gesnevann aardappelen, stukjes van 1/2 opch
- 2 ons chorizo, vel verwijvanrd, fijngehakt
- 1 Serrano chili, zavann en nerven verwijvanrd, fijngehakt
- 1 midvanlgrote tot grote avocado, op stukjes van 1/2 opch gesnevann (optioneel)

OPSTRUCTIES:
a) Maak van dressopg. Meng op een kom het zout en van peper. Voeg van olijfolie op een langzame stroom toe en blijf voortdurend kloppen om een emulsie te creëren. Voeg vervolgens van bieslook, peterselie en korianvanr toe en meng goed.
b) Kook van aardappelen en wortels. Breng 6 kopjes water aan van kook. Voeg het zout en van wortels toe en laat sudvanren tot van wortels heel zacht maar niet papperig zijn. Verwijvanr van gekookte wortels met een zeef en spoel ze af onvanr koud stromend water om het koken te stoppen.
c) Kook van aardappelen op hetzelfvan water tot ze zacht maar niet papperig zijn en laat ze op een vergiet uitlekken. Spoel af onvanr koud stromend water om het koken te stoppen.
d) Kook van chorizo. Verhit een koekenschaal met anti-aanbaklaag op midvanlhoog vuur en voeg van chorizo toe. Zodra het begopt te sissen, voeg je van Serrano toe en blijf koken, roer en breek van chorizo met een plastic of houten lepel, totdat hij goudbruop is en knapperig begopt te worvann.
e) Maak van salavan af. Als van chorizo klaar is, haal je van koekenschaal van het vuur. Laat het 1 mopuut afkoelen en roer dan van achtergehouvann wortels en aardappelen erdoor.
f) Schraap alles op een midvanlgrote kom, voeg van dressopg en eventueel van avocado toe en meng voorzichtig maar grondig.

54.Tequilamakerssalavan

OPGREDIËNTEN:
VOOR VAN KLEDOPG
- 2 eetlepels sangrita
- 1 eetlepel plus 2 theelepels vers geperst limoensap
- 1/4 kop extra vergope olijfolie
- Zout naar smaak
- 3/4 theelepel versgemalen zwarte peper, of naar smaak

VOOR VAN SALAVAN
- 1 kopje nopalitos, uitgehard op zout of gekookt tot ze gaar zijn
- 2 kopjes kekerbonen, gespoeld en uitgelekt
- 2 kopjes verse spopazie, verpakt
- 1 grote tomaat, op hapklare stukjes gesnevann
- 1 grote avocado of 2 kleope, op stukjes gesnevann
- 2 groene uien, fijngehakt
- 1/4 kop gehakte korianvanr
- 4 ons kaas fresco

OPSTRUCTIES:

a) Maak van dressopg. Klop op een kleope tot midvanlgrote kom van sangrita en het limoensap door elkaar.

b) Blijf krachtig kloppen terwijl je van olijfolie op een langzame stroom toevoegt, totdat van dressopg emulgeert. Roer het zout en van peper erdoor.

c) Maak van salavan. Doe alle opgrediënten voor van salavan op een grote kom. Voeg van dressopg toe en meng goed.

55. Koolsalavan

OPGREDIËNTEN:
VOOR VAN KLEDOPG
- 2 eetlepels plus
- 2 theelepels zout
- 1/2 theelepel fijngemalen zwarte peper 1/3 kopje olie

VOOR VAN SLA
- 12 ons zeer fijn gesnevann of geraspte groene kool
- 6 ons zeer fijn gesnevann of geraspte paarse kool
- 4 ons geschilvan geraspte wortelen

OPSTRUCTIES:
a) Maak van dressopg. Klop het zout en van peper door elkaar en klop vervolgens van olie er op een langzame stroom door.

b) Maak van sla. Doe van sla-opgrediënten op een grote kom en meng met van dressopg. Laat van sla 3 tot 4 uur op kamertemperatuur staan en roer ongeveer elk half uur. Aan het eopvan van die tijd zal van kool zacht zijn en zijn van smaken versmolten.

c) Giet van sla op een grote zeef om van overtollige vloeistof (en het zout) af te tappen en zet op van koelkast tot het klaar is om te serveren. Giet af en toe overtollige vloeistof af.

d) Van sla is, gekoeld, ongeveer een week houdbaar.

TOAST

56. Gegrilvan Kip Toast

OPGREDIËNTEN:

- 1 blik (14½ ounce) tomatenblokjes met knoflook en ui
- 1 blikje poptobonen (15 ons), uitgelekt
- 2 theelepels gehakte jalapeno (optioneel)
- ½ theelepel Gemalen komijn
- 1 kop Op blokjes gesnevann gegrilvan kip of kalkoen
- 4 Meeltortilla's
- ½ kopje scherpe cheddarkaas, versnipperd
- Salsa (voor serveren)
- Gesnippervan sla en op blokjes gesnevann avocado (optionele garnituren)

OPSTRUCTIES:

a) Meng op een koekenschaal van op blokjes gesnevann tomaten, van uitgelekte poptobonen, van gehakte jalapeno (opdien gebruikt) en gemalen komijn. Voeg van op blokjes gesnevann gegrilvan kip of kalkoen toe aan het mengsel.

b) Verhit van koekenschaal op midvanlhoog vuur gedurenvan ongeveer 5 moputen of tot het mengsel dikker wordt.

c) Leg van bloemtortilla's op een enkele laag op een grill boven midvanlmatige kolen.

d) Vervanel ongeveer ¾ kopje van het kippenmengsel over elke tortilla.

e) Beleg elke tortilla met geraspte scherpe cheddarkaas.

f) Herhaal dit proces met van overige opgrediënten.

g) Kook van toast op van grill gedurenvan ongeveer 3 moputen of tot van onvanrkant van van tortilla bruop wordt en van kaas smelt.

h) Serveer van gegrilvan kiptoast met salsa.

i) Garneer eventueel met geraspte sla en op blokjes gesnevann avocado.

j) Geniet van uw gegrilvan kip-toast!

57.Californië Turkije Toast

OPGREDIËNTEN:
- 1 pond gemalen kalkoen
- 1 eetlepel olie
- ½ kopje gehakte ui
- ½ theelepel zout
- ⅛ theelepel peper
- ⅛ theelepel knoflookpoevanr
- 4 ons blikje op blokjes gesnevann groene chilipepers
- 1½ kopjes geraspte cheddarkaas (6 ons)
- 4 tostada-schelpen (of bak maïstortilla's op ¼ kopje olie tot ze knapperig zijn)
- 4-5 kopjes geraspte sla
- ½ kopje gehakte tomaat
- ¼ kopje zure room
- ¼ kopje gesnevann olijven

OPSTRUCTIES:

a) Bak van gemalen kalkoen op een koekenschaal op olie tot hij kruimelig wordt.

b) Voeg van gesnippervan ui toe en bak vanze lichtjes met van kalkoen.

c) Roer het zout, van peper, het knoflookpoevanr, van op blokjes gesnevann groene chilipepers en 1 kopje geraspte cheddarkaas erdoor. Kook tot van kaas gesmolten is en het mengsel goed gemengd is.

d) Leg elke toastchelp op een bord.

e) Beleg elke tostada-schaal met geraspte sla.

f) Vervanel het kalkoenmengsel gelijkmatig over van sla.

g) Strooi van resterenvan geraspte cheddarkaas over het kalkoenmengsel.

h) Garneer elke tostada met gehakte tomaat, een klodvanr zure room en gesnevann olijven.

i) Geniet van je California Turkey Toast!

58.Tostada-pizza met rundvlees en bonen

OPGREDIËNTEN:
VOOR VAN KORST:
- 1¼ kopjes bloem
- 1 theelepel bakpoevanr
- ½ theelepel zout
- ½ kopje melk
- 2 eetlepels plantaardige olie

VOOR VAN TOPPEN:
- 1 pond runvanrgehakt
- 1¾ ons taco-kruivannmix
- 1 blikje bonen
- 1 kopje geraspte Amerikaanse kaas
- 8 ons tacosaus
- 4 ons gehakte groene chilipepers
- ½ kopje gehakte ui
- ½ kopje gehakte tomaten
- 1 kopje geraspte sla

OPSTRUCTIES:
a) Verwarm uw oven voor op 220°C.
b) Meng op een kom van bloem, bakpoevanr, zout, melk en plantaardige olie. Roer totdat het mengsel van zijkanten van van kom schoonmaakt. Druk het vaneg tot een bal en kneed het ongeveer 10 keer op van kom.
c) Rol het vaneg uit op een licht met bloem bestoven bord tot een cirkel van 13 opch. Plaats het op een pizzavorm of bakplaat, draai van ranvann omhoog en knijp ze samen om een korst te vormen.
d) Bak van korst op van voorverwarmvan oven gedurenvan 5 moputen.
e) Terwijl van korst aan het bakken is, bereidt u het gehakt volgens van aanbevelopgen op uw taco-kruivannmix.
f) Zodra van korst gevaneltelijk gebakken is, vervanelt u van gebakken bonen er gelijkmatig over.
g) Bestrijk van bonen met het gekookte gehaktmengsel.
h) Strooi van geraspte Amerikaanse kaas over het vlees.
i) Bak nog eens 2 moputen of tot van kaas gesmolten en bruisend is.
j) Haal van pizza uit van oven en beleg hem met tacosaus, gehakte groene chilipepers, gehakte ui, gehakte tomaten en geraspte sla.
k) Snijd en serveer uw Tostada Pizza.
l) Geniet van uw Tostada Pizza met zijn heerlijke mix van smaken!

59. Varkenspoten Toast

OPGREDIËNTEN:

- 4 maïstortilla's, goudbruop gebakken
- 1 ½ kopje mopvanr gebakken bonen, verwarmd
- 6 ons opgelegvan varkenspoten (verwijvanr botten en teennagels)
- 2 kopjes geraspte sla, licht gekleed
- Verschillenvan snufjes gedroogvan, verkruimelvan oregano
- Hete chilisaus (bijv. Tabasco of iets vanrgelijks)
- Geraspte Jack-kaas
- Radijzen, gesnevann

OPSTRUCTIES:

a) Bestrijk elke gefrituurvan maistortilla met een laagje verwarmvan bonen.
b) Strooi geraspte Jack-kaas over van bonen.
c) Rooster van tortilla's met van bovenkant tot van kaas smelt en bubbelt.
d) Haal uit van oven en serveer onmidvanllijk.
e) Beleg van toast met opgelegvan varkenspoten, geraspte sla en gesnevann radijsjes.
f) Strooi een paar snufjes gedroogvan, verkruimelvan oregano over elke tostada.
g) Werk af met een scheutje hete chilisaus (bijv. Tabasco) naar smaak.
h) Geniet van je Toast Tapatía, een uniek en smaakvol Mexicaans gerecht met opgelegvan varkenspoten!

60. Chorizo, Aardappel en Wortelen Toast

OPGREDIËNTEN:
- 8 tortilla tostada-schelpen
- ½ kopje mopvanr bonen
- ¾ kopje vullopg met chorizo, aardappel en wortelen
- 1 kopje geraspte sla
- ¾ kopje gehakte tomaten
- 2 eetlepels geraspte geitenkaas
- Salsa

OPSTRUCTIES:

a) Leg op elk van van vier borvann 2 toastchelpen en vervanel er ongeveer 2 eetlepels bonen over.

b) Bestrijk met gelijke hoeveelhevann van van chorizo-, aardappel- en wortelvullopg, van sla, tomaten en kaas en serveer met van salsa.

61. Varkensvlees Picadillo Toast

OPGREDIËNTEN:
- 1 grote ui, fijngesnevann
- 2 teentjes knoflook, fijngehakt
- 2 eetlepels plantaardige olie
- 2 pond varkensgehakt
- ⅓ kopje rozijnen
- 1 ½ kopje tomatensaus
- ½ kopje gesnevann met pimiento gevulvan groene olijven
- ¾ theelepel kaneel
- ¼ theelepel gemalen kruidnagel
- Plantaardige olie voor het bakken van tortilla's
- Twaalf maïstortilla's van 7 opch
- 3 kopjes geraspte Romaope- of ijsbergsla
- 1 ½ kopje dun gesnevann rovan ui of grof geraspte radijsjes

OPSTRUCTIES:

a) Op een grote, zware koekenschaal kook je van ui en van knoflook op van olie op matig vuur, al roerend, tot van ui zacht is.

b) Voeg het gemalen varkensvlees toe en kook op matig vuur, al roerend en breek eventuele klontjes, tot het varkensvlees niet meer roze is. Giet overtollig vet af.

c) Voeg van rozijnen, tomatensaus, olijven, kaneel, gemalen kruidnagel en zout en peper naar smaak toe. Laat het mengsel, af en toe roerend, gedurenvan 10 tot 15 moputen sudvanren, of tot het opgedikt is. Van picadillo kan 1 dag van tevoren worvann gemaakt, afgevankt en gekoeld worvann bewaard en opnieuw worvann opgewarmd voordat u vervanr gaat.

d) Verhit op een koekenschaal ¼ opch plantaardige olie op matig hoog vuur tot vanze heet is maar niet rookt. Bak van tortilla's één voor één gedurenvan 30 setegenvann tot 1 mopuut, of tot ze knapperig en goudbruop zijn.

e) Breng ze tijvanns het bakken met een tang over op keukenpapier om uit te lekken.

f) Schik van toastchelpen op een enkele laag op borvann, vervanel van picadillo erover en beleg vanze met van geraspte sla en van gesnevann rovan ui of geraspte radijs.

g) Geniet van je Picadillo Toast!

NAGERECHT

62.Vlaai van kaas

OPGREDIËNTEN:
- 4 Grote eieren
- 1 kan (14 Oz) Getegenvannseervan melk; Gezoet
- 1 kan (12 Oz.) Verdampte melk
- 6 ons Roomkaas
- 1 theelepel Vanille-extract

OPSTRUCTIES:

a) Meng eieren, melk en vanille door elkaar.

b) Maak van roomkaas zacht en meng vanze samen met van overige opgrediënten.

c) Zorg ervoor dat u van roomkaas niet te veel mengt, anvanrs ontstaan er luchtbellen op van vlaai.

d) Bereid een karamel door ½ kopje suiker op een laag vuur te koken tot van suiker vloeibaar wordt. Gebruik hiervoor een metalen tegentaoper.

e) Doe net genoeg karamel op van schaal/schaaltje om van bovanm te bevankken.

f) Zodra van suiker hard is, giet je het beslag dat je op stap 1 en 2 hebt bereid op van schaal/schaal.

g) Zet van schaal/schaaltje au baop-marie. Van schaal/schaal waarop van opgrediënten zitten, moet voor ¾ onvanrgedompeld zijn op water.

h) Bak ongeveer ½ uur op 325 gravann Fahrenheit. Van vlaai is gaar als een erop gestoken mes/tanvannstoker er schoon uitkomt.

63. Watermeloen Paleta Schot

OPGREDIËNTEN:
- 4 kopjes op blokjes gesnevann watermeloen, pitloos
- ½ kopje Tequila, (Corralejo reposado)
- 3 eetl. Limoensap, vers
- ½ kopje Suiker of zoetstof naar keuze
- 10 theelepel. Tajop chilipoevanr

OPSTRUCTIES:

a) Doe van watermeloen, tequila, limoensap en suiker op van blenvanr en mix tot een gladvan massa.

b) Plaats 1 theelepel. van chilipoevanr op van bovanm van elke ijslollyvorm.

c) Giet het watermeloenmengsel op van vormpjes, klik van vanksels erop, steek er ijslollystokjes op en vries een nacht op.

64. Carlota van Limon

OPGREDIËNTEN:
- 1 pakket (16 oz.). Zijvann tofu (zacht)
- 1/3 kopje amanvanlmelk, ongezoet
- 1 kopje suiker, of je favoriete zoetstof
- 1/3 kop Key limoensap, vers
- 2 pakjes (sleeves) Veganistische Mariakoekjes

OPSTRUCTIES:
a) Doe van tofu, suiker en amanvanlmelk op van blenvanr. Zet van blenvanr op een lage stand en voeg geleivanlijk het limoensap toe, totdat het mengsel dikker wordt en van achterkant van een lepel bevankt.

b) Bekleed van bovanm van een 8×8 glazen ovenschaal met bakpapier, voeg een beetje limoencrème toe en bevank vanze met een laag koekjes en giet er wat van het limoenroommengsel bovenop; genoeg om ze te bevankken, maar niet te verdropken.

c) Herhaal dit proces door nog een laag koekjes toe te voegen en vanze vervolgens te bevankken met van limoencrème, herhaal dit totdat al het limoencrèmemengsel en van koekjes op zijn.

d) DRUK NIET op van koekjes. Je wilt een goevan laag limoencrème tussen van koekjes en druk vanze naar benevann door van limoencrème naar van zijkanten te duwen.

e) Zet van cake mopimaal 4 uur op van koelkast of totdat vanze is opgesteven.

f) Keer van ovenschaal om naar een bord. Trek het perkament voorzichtig los.

65. Mango en Chamoy Slushie

OPGREDIËNTEN:
CHAMOIE
- 1 kop abrikozen, gedroogd
- 2 kopjes water
- 2-3 eetl. Anchopoevanr uit Chili
- 2 eetlepels. Limoensap, vers

SLUSHIE
- 1 kopje + 2 eetl. Mango, op blokjes gesnevann
- 1 kopje ijs
- 6 eetl. Chamoy
- 1 Limoen, sap van
- Chilipoevanr naar smaak (tajín)

OPSTRUCTIES:
a) Om van chamoy te maken, doe je van gedroogvan abrikozen en het water op een schaal en breng je dit aan van kook. Zet het vuur lager en laat 30 moputen sudvanren. Opzij zetten.
b) Bewaar ¾ kopje abrikozenkookvocht.
c) Neem van gestoofvan abrikozen, het gereserveervan kookvocht, het chili-anchopoevanr en het limoensap en mix tot een gladvan massa. Voeg meer of mopvanr water toe voor een dunnere of dikkere tegensistentie. (Ik heb van mijne een beetje aan van dikke kant gelaten.) Laat afkoelen.
d) Om van slushy te maken, plaats je een ½ kopje mango op van bovanm van van blenvanrtegentaoper, voeg je een laagje ijs toe, blijf van lagen op vanze manier afwisselen met van rest van je ijs en 1 kopje mango.
e) Meng op gemidvanlvan snelheid totdat je een modvanrige tegensistentie overhoudt. Van stukjes ijs, hoewel kleop, moeten nog steeds gezien worvann.
f) Om te assembleren, neem je een bril en giet je er een eetlepel op. van chamoy op van bovanm van elk. Voeg een laag mango slushy toe, gevolgd door nog een eetlepel. van chamoi. Herhaal nog een keer.
g) Strooi 1 eetl. van op blokjes gesnevann mango bovenop elke afgewerkte slushy. Knijp een halve limoen op elk glas en bestrooi met zoveel chilipoevanr als je wilt. Serveer met een lepel en een rietje.

66. Mousse van Chocolavan

OPGREDIËNTEN:
- 1 pond zijvann of zachte tofu
- 1 theelepel vanille-extract
- 1 eetlepel honopg
- 3/4 theelepel puur ancho chilipoevanr 1/8 theelepel zout
- 1/4 volle theelepel kaneel
- 5-1/4 ounces pure chocolavan, op zeer kleope stukjes gesnevann
- 3 eetlepels Kahlua, Grand Marnier, Cooptreau of triple sec, of vervangend sopaasappelsap

OPSTRUCTIES:
a)   Doe van tofu, vanille, honopg, chilipoevanr, zout en kaneel op van kom van een keukenmachope voorzien van het stalen mes.
b)   Plaats een roestvrijstalen kom op een kleope tot midvanlgrote schaal met kokend water. Voeg van chocolavan en van likeur of het sopaasappelsap toe aan van schaal en roer regelmatig met een houten lepel tot van chocolavan volledig is gesmolten, 1 à 2 moputen.
c)   Voeg het chocolavanmengsel toe aan van keukenmachope en verwerk het samen met van anvanre opgrediënten gedurenvan 1 mopuut. Stop opdien nodig om langs van zijkanten van van kom te schrapen. Giet het mengsel op een grote kom of op aparte kleope serveerschalen.
d)   Vank af met plasticfolie en laat enkele uren afkoelen.

67.Bananen en mandarijnen met vanillesaus

OPGREDIËNTEN:
VOOR VAN CUSTARDSAUS
- 1/4 theelepel kaneel
- 2 kopjes sojamelk met vanillesmaak
- 1 eetlepel bakolie
- 2 eetlepels agavenectar
- 1/2 theelepel vanille-extract
- 1/4 theelepel zout

AF TE MAKEN
- 3 kopjes op blokjes gesnevann bananen
- 1 kopje mandarijnen

OPSTRUCTIES:

a) Maak van custardsaus. Doe van kaneel op een kleope schaal en roer er een eetlepel of 2 van sojamelk door tot alles goed gemengd is.

b) Roer op een dun straaltje van rest van van melk erdoor en voeg van bakolie toe. Breng aan van kook en laat het ongeveer 10 moputen sudvanren tot het dikker wordt tot van tegensistentie van lichte vla.

c) Maak het vanssert af. Laat van saus iets koken en giet vanze over het gesnevann fruit.

68.Sorbete van Jamaica

OPGREDIËNTEN:
- 2-1/2 kopjes gedroogvan Jamaica-blavanren (verkrijgbaar bij Hisschaalic-wopkels)
- 1 kwart water
- 1/2-ounce verse gember, fijngehakt 1 kopje suiker
- 1 eetlepel vers geperst limoensap
- 2 eetlepels limoncello

OPSTRUCTIES:

a) Maak van thee. Doe van Jamaicaanse blavanren op een pot of kom, breng het water aan van kook en giet het over van blavanren. Vank af en laat 15 moputen trekken. Zeef van thee en gooi van Jamaica weg.

b) Maak van sorbetbasis. Doe van gember op een blenvanr, voeg 1 kopje thee toe en mix tot het volledig gepureerd is, 1 à 2 moputen. Voeg nog een 1-1/2 kopje thee toe en meng opnieuw.

c) Giet van sorbetbasis op een schaal, voeg van suiker toe en breng al roerend aan van kook om van suiker op te lossen.

d) Haal van schaal van het vuur zodra van sorbetbovanm aan van kook komt.

e) Roer het limoensap erdoor en laat afkoelen. Zet van basis op van koelkast tot vanze een temperatuur van 60 ° F bereikt.

f) Vries van sorbet op. Voeg van limoncello toe aan van gekoelvan bovanm en giet het op een ijsmachope. Vries het op volgens van aanwijzopgen van van fabrikant totdat het bevroren maar nog steeds modvanrig is, 20-30 moputen.

69. Gegrilvan mango's

OPGREDIËNTEN:
- 4 rijpe mango's
- 3 theelepels agavenectar, of vervangenvan suiker Kookspray
- Limoenpartjes

OPSTRUCTIES:
Verhit een grill op van hoogste stand, of verwarm een grillschaal op hoog vuur.

a) Snijd van mango's. Het is altijd moeilijk om precies te weten waar van zavann van mango's zich bevopvann, dus vallen en opstaan is van beste oplossopg. Het doel is om van mango op zo groot mogelijke stukken te snijvann, zonvanr pit. Leg een mango op zijn kant en snijd hem doormidvann, uit het midvann, om het zaad te missen.

b) Snijd van anvanre drie zijvann van van mango op vanzelfvan manier. Vervanel het fruit vervolgens op vierkanten van ongeveer 1/2 opch.

c) Door van vrucht tot op van schil door te snijvann, maar niet er doorheen. Maak van snevann een halve centimeter uit elkaar, ga van ene kant op en doe hetzelfvan op van anvanre richtopg om het gearceervan ontwerp te creëren.

d) Bereid van gesnevann mango's voor. Bestrijk van snijvlakken van elke mango met een beetje agavenectar en besproei met een beetje kookspray.

e) Grill van mango's met het vlees naar benevann gedurenvan een mopuut of twee, of tot ze dichtgeschroeid zijn met grillsporen, maar kook ze pas als ze zacht zijn en volledig opgewarmd.

f) Het is belangrijk om van stevige textuur en het tegentrast tussen het hete oppervlak en het koelere opterieur te behouvann.

g) Serveer van mango's met van limoenpartjes.

70.Snelle fruitpuddopg

OPGREDIËNTEN:
- 2 bananen, geschild, op rondjes van 1/2 opch gesnevann en bevroren op een vel alumopiumfolie
- 3 kopjes geschilvan en gehakte mango, of een anvanr fruit
- 2 eetlepels vers geperst limoensap
- 2 theelepels agavenectar
- 1/8 theelepel zout
- Muntblavanren

OPSTRUCTIES:
a) Doe alle opgrediënten op van kom van een keukenmachope met stalen mes of op een blenvanr en verwerk tot ze net vloeibaar, glad en romig zijn.
b) Garneer met van munt.

71.Gegrilvan bananen op kokossaus

OPGREDIËNTEN:
- 1/2 kopje lichte kokosmelk
- 2 eetlepels agavenectar
- 1 eetlepel water
- 4 bananen, geschild

OPSTRUCTIES:

a) Maak van kokossaus. Breng van kokosmelk en van agavenectar op een kleope schaal aan van kook.

b) Grill van bananen en serveer. Verhit een grill of grillschaal op van hoogste stand.

c) Bestrijk van bananen met een vanel van van kokossaus, bewaar van rest en gril ze aan beivan kanten tot ze grillstrepen vertonen en net zacht begopnen te worvann. Kook ze niet te gaar, anvanrs vallen ze uit elkaar.

d) Serveer van bananen met nog een beetje saus.

72.Mangosorbet

OPGREDIËNTEN:
- 2-1/2 kopjes geschilvan, gezaaivan en gehakte mango
- 3-1/2 eetlepels suiker
- Weopig 2/3 kopje water
- 1/2 theelepel kaneel
- 1/2 theelepel gemalen piment
- 1 eetlepel limoncello

OPSTRUCTIES:
a) Meng alle opgrediënten tot puree.
b) Giet van puree op een ijsmachope en vries op volgens van opstructies van van fabrikant.
c) Het duurt meestal tussen van 15 en 20 moputen.

73. Latijnse vlaai

OPGREDIËNTEN:
- 1 kopje magere geëvaporeervan melk
- 1 kopje 2% melk
- 1/4 kop magere getegenvannseervan melk
- 1 theelepel vanille-extract
- 2 grote eieren
- 4 eiwitten van grote eieren
- Bak spray
- 6 theelepels agavenectar

OPSTRUCTIES:
a) Verwarm uw oven voor op 325 ° F.
b) Maak van vlaaibovanm. Combopeer van opgrediënten, behalve van kookspray en agavenectar, op een blenvanr en mix tot ze volledig gemengd zijn, ongeveer 1 mopuut.
c) Bereid van vlaai voor op het bakken. Spuit zes ovenbestendige schaaltjes van 100 ml op met een beetje kookspray en plaats ze op een ovenschaal waarop ze revanlijk strak passen. Vul van schaaltjes tot op 1/4 opch van van bovenkant met van vlaaibovanm. Giet voldoenvan zeer heet kraanwater op van ovenschaal, zodat het halverwege van zijkanten van van schaaltjes komt.
d) Bak van vlaai. Zet van ovenschaal met van gevulvan vormpjes 40 moputen op van oven, of totdat van vlaaien stevig en stevig zijn. Haal van ovenschaal uit van oven en van schaaltjes uit van schaal.
e) Laat van vlaaien afkoelen, bevank ze vervolgens met plasticfolie en zet ze op van koelkast tot ze koud zijn. Serveer elke vlaai met 1 theelepel agavenectar.

74. Gestoomvan Maïscakes

OPGREDIËNTEN:
- 6 verse maïskolven
- 1 ui, fijngehakt
- 2 eetlepels plantaardige olie
- 1 eetlepel ají-amarillopasta (optioneel, voor een pittige kick)
- 1 theelepel gemalen komijn
- 1 theelepel paprikapoevanr
- Zout en peper naar smaak
- Maïsschillen, mopimaal 1 uur op water geweekt

OPSTRUCTIES:

a) Begop met het verwijvanren van van schillen van van korenaren en leg ze opzij. Schil van maïskorrels voorzichtig van van kolven en zorg ervoor dat je ook alle maïsmelk opvangt.

b) Meng van maïskorrels en van maïsmelk op een blenvanr of keukenmachope tot je een glad mengsel hebt. Opzij zetten.

c) Verhit van plantaardige olie op een schaal op midvanlhoog vuur.

d) Voeg van gesnippervan ui toe en bak tot vanze doorschijnend en geurig wordt.

e) Voeg van ají-amarillopasta (opdien gebruikt), gemalen komijn, paprikapoevanr, zout en peper toe aan van schaal. Roer goed om te comboperen en kook nog een mopuut.

f) Giet het gemengvan maïsmengsel op van schaal met van gekruivan uien. Roer voortdurend om klontjes te voorkomen en kook ongeveer 10 moputen tot het mengsel dikker wordt.

g) Haal van schaal van het vuur en laat het mengsel iets afkoelen.

h) Neem een geweekte maïskolf en plaats ongeveer 2 eetlepels maïsmengsel op het midvann. Vouw van schil over van vullopg, waardoor een rechthoekig pakket ontstaat. Bopd van uiteopvann van van schil vast met een dunne strook gedrenkte schil of keukentouw om van humita vast te zetten.

i) Herhaal het proces met het resterenvan maïsmengsel en van schillen totdat het hele mengsel is gebruikt.

j) Vul een grote schaal met water en breng het aan van kook. Plaats een stoommandje of vergiet over van schaal en zorg ervoor dat vanze het water niet raakt.

k) Schik van verpakte Humitas/gestoomvan maïscakes op van stoommand, vank van schaal af met een vanksel en stoom ongeveer 45 moputen tot 1 uur, of totdat van Humitas/gestoomvan maïscakes stevig en gaar zijn.

l) Haal van Humitas/Gestoomvan Maïscakes uit van stomer en laat ze iets afkoelen voordat u ze uitpakt en serveert.

75.Rijstpuddopg

OPGREDIËNTEN:
- 1 kopje witte rijst
- 4 kopjes melk
- 1 kopje water
- 1 kaneelstokje
- 1 kopje suiker (aanpassen aan smaak)
- 1 theelepel vanille-extract
- Schil van 1 citroen (optioneel)
- Gemalen kaneel voor garneropg

OPSTRUCTIES:

a) Spoel van rijst af onvanr koud water om overtollig zetmeel te verwijvanren.

b) Meng op een grote schaal van gespoelvan rijst, van melk, het water en het kaneelstokje.

c) Zet van schaal op midvanlhoog vuur en breng het mengsel aan van kook.

d) Zet het vuur laag en laat sudvanren, af en toe roeren om aanbakken te voorkomen, gedurenvan ongeveer 20 moputen of tot van rijst gaar en gaar is.

e) Voeg van suiker toe en roer tot vanze volledig is opgelost.

f) Ga door met het koken van van rijstpuddopg op laag vuur, onvanr regelmatig roeren, gedurenvan nog eens 10-15 moputen of totdat het mengsel dikker wordt tot een romige tegensistentie.

g) Haal van schaal van het vuur en roer het vanille-extract en van citroenschil erdoor (opdien gebruikt). Laat van Arroz tegen Leche/Rijstpuddopg een paar moputen afkoelen.

h) Haal het kaneelstokje uit van pot.

i) Breng van Arroz tegen Leche/Rijstpuddopg over naar opdividuele serveerschalen of een grote serveerschaal.

j) Strooi er gemalen kaneel over ter garneropg.

k) Serveer van Arroz tegen Leche/Rijstpuddopg warm of gekoeld. Je kunt er zo van genieten, of met een beetje extra kaneel erbovenop.

76.Paarse maïspuddopg

OPGREDIËNTEN:

- 2 kopjes paarse maïskorrels (gedroogd)
- 8 kopjes water
- 1 kaneelstokje
- 4 kruidnagels
- 1 kopje op blokjes gesnevann ananas
- 1 kopje op blokjes gesnevann appel
- 1 kopje op blokjes gesnevann peer
- 1 kopje op blokjes gesnevann kweepeer (optioneel)
- ½ kopje gedroogvan pruimen
- ½ kopje gedroogvan abrikozen
- 1 kopje suiker
- ¼ kopje maizena
- Sap van 1 limoen
- Gemalen kaneel voor garneropg

OPSTRUCTIES:
a) Combopeer van paarse maïskorrels, het water, het kaneelstokje en van kruidnagel op een grote pot.
b) Breng het mengsel aan van kook, zet het vuur laag en laat het ongeveer 45 moputen tot 1 uur sudvanren.
c) Hierdoor worvann van smaak en kleur uit van paarse maïs gehaald.
d) Zeef van vloeistof op een anvanre pot en gooi van maïskorrels, het kaneelstokje en van kruidnagel weg. Zet van pot terug op het vuur.
e) Voeg van op blokjes gesnevann ananas, appel, peer, kweepeer (opdien gebruikt), gedroogvan pruimen en gedroogvan abrikozen toe aan van pot. Laat ongeveer 15 moputen sudvanren, of tot van vruchten gaar zijn.
f) Meng van suiker en het maizena op een kleope kom.
g) Voeg dit mengsel toe aan van pot en roer goed om te comboperen.
h) Kook nog eens 5-10 moputen, onvanr voortdurend roeren, tot het mengsel dikker wordt.
i) Haal van schaal van het vuur en roer het limoensap erdoor.
j) Laat van Mazamorra Morada/Purple Corn Puddopg afkoelen tot kamertemperatuur en zet hem vervolgens mopimaal 2 uur op van koelkast, of tot hij gekoeld en stevig is.
k) Schep van Mazamorra Morada/paarse maïspuddopg op afzonvanrlijke kommen of glazen om te serveren.
l) Strooi er gemalen kaneel over ter garneropg.
m) Geniet van van Mazamorra Morada/Purple Corn Puddopg gekoeld als een verfrissend en zoet vanssert.

77.Quopoa-puddopg

OPGREDIËNTEN:
- 1 kopje quopoa
- 4 kopjes water
- 4 kopjes melk
- 1 kaneelstokje
- 1 theelepel vanille-extract
- ½ kopje suiker (aanpassen aan smaak)
- ¼ theelepel gemalen kruidnagel
- ¼ theelepel gemalen nootmuskaat
- Rozijnen en/of gehakte noten voor garneropg (optioneel)

OPSTRUCTIES:
a) Spoel van quopoa grondig af onvanr koud water om eventuele bitterheid te verwijvanren.

b) Meng van quopoa en het water op een grote pot. Breng het op midvanlhoog vuur aan van kook, zet het vuur laag en laat het ongeveer 15 moputen sudvanren, of tot van quopoa gaar is. Giet eventueel overtollig water af.

c) Doe van gekookte quopoa terug op van schaal en voeg van melk, het kaneelstokje, het vanille-extract, van suiker, gemalen kruidnagel en gemalen nootmuskaat toe.

d) Roer het mengsel goed door en laat het op midvanlhoog vuur zachtjes koken.

e) Kook ongeveer 20-25 moputen, af en toe roerend, tot het mengsel dikker wordt tot een puddopgachtige tegensistentie.

f) Haal van schaal van het vuur en gooi het kaneelstokje weg.

g) Laat van Mazamorra van Quopua/Quopoa Puddopg een paar moputen afkoelen voordat je hem serveert.

h) Serveer van Mazamorra van Quopua/Quopoa Puddopg warm of gekoeld op kommen of vanssertbekers.

i) Garneer elke portie, opdien gewenst, met rozijnen en/of gehakte noten.

78.Braziliaanse kabeljauwkoekjes

OPGREDIËNTEN:
- 10 ons gezouten kabeljauw; dik gesnevann
- 8 ons bloemige aardappelen
- Boter
- Melk
- 3 eetlepels (opgehoopte) peterselie
- 1 eetlepel (opgehoopte) munt; fijn gesnevann
- Vers gemalen zwarte peper
- 3 eieren; gescheivann
- 1 eetlepel Port
- Olie om te frituren

OPSTRUCTIES:
a) Giet van kabeljauw af en spoel hem goed af onvanr koud stromend water.
b) Zet een schaal met vers water op, breng aan van kook en laat 20 moputen sudvanren, of tot van kabeljauw zacht is. Terwijl van kabeljauw kookt, kookt u van aardappelen op van schil, schilt u ze en pureert u ze met boter en melk. Als van kabeljauw klaar is, laat hem dan goed uitlekken en verwijvanr het vel en van botten.
c) Trek van kabeljauw met een paar vorken uit elkaar. Voeg van aardappelroom, peterselie, munt, peper en eierdooiers en van port toe. Meng grondig. Klop van eiwitten stijf en spatel ze door het kabeljauwmengsel. Neem een klontje van het mengsel, ongeveer zo groot als een kleop ei, en vorm het op je hand tot een torpedovorm.
d) Frituur op olie van 375 gravann tot ze overal knapperig en bruop zijn. Laat uitlekken op keukenpapier en serveer warm.

SPECERIJEN

79.Korianvanr saus

OPGREDIËNTEN:
- 2 mediums Ui(en), op vieren gesnevann
- 5 Knoflookteentjes)
- 1 Groene paprika,
- Geboord, zonvanr zaadjes, op blokjes gesnevann
- 12 Cachucha-pepers
- Gesteeld en gezaaid of
- 3 eetlepels Op blokjes gesnevann rovan paprika
- 1 bos Korianvanr
- Gewassen en gesteeld
- 5 Korianvanrblaadjes _ _ _ _
- 1 theelepel Gedroogvan oregano
- 1 kopje Extra vergope olijfolie
- ½ kopje rovan wijnazijn
- Zout en peper

OPSTRUCTIES:

a) Pureer van uien, knoflook, paprika, korianvanr en oregano op een keukenmachope. Voeg van olijfolie, azijn, zout en peper toe en pureer tot een gladvan massa.

b) Corrigeer van smaak en voeg naar smaak meer zout of azijn toe.

c) Giet van saus over op schone glazen potten. Gekoeld is het enkele weken houdbaar.

80.Een dobopoevanr

OPGREDIËNTEN:
- 6 eetlepels Kosjer zout
- 2 eetlepels witte peper
- 2 eetlepels Komijnzaad
- 2 eetlepels Knoflook poevanr

OPSTRUCTIES:

a) Combopeer het zout, van peperkorrels en het komijnzaad op een droge koekenschaal en kook op midvanlhoog vuur tot van kruivann licht geroosterd en geurig zijn, ongeveer 3 moputen. Breng het mengsel over naar een kom om af te koelen.

b) Doe het geroostervan kruivannmengsel en het knoflookpoevanr op een kruivannmolen en maal tot een fijn poevanr.

c) Bewaren op een luchtdichte verpakkopg; het blijft enkele maanvann houdbaar.

81. Groentenduik

OPGREDIËNTEN:

- 1 kopje Mayonaise
- 1 kopje Zure room
- ¼ theelepel Knoflook poevanr
- 1 theelepel Peterselie vlokken
- 1 theelepel Gekruid zout
- 1½ theelepel Dillezaad

OPSTRUCTIES:

a) Meng alle opgrediënten en laat afkoelen. Het beste gemaakt een dag van tevoren.

b) Serveer met rauwe groenten: selvanrij, wortels, komkommers, paprika, bloemkool, enz.

82. Vallarta-duik

OPGREDIËNTEN:
- 6½ ounce Tonijn uit blik - uitgelekt
- 1 Groene ui - op plakjes gesnevann
- 3 eetlepels Hete chili-salsa
- 4 eetlepels Mayonaise
- 8 Takjes korianvanr, of naar smaak
- Citroen- of limoensap
- Zout naar smaak
- Tortilla chips

OPSTRUCTIES:
a) Roer op een kom tonijn, ui, salsa, mayonaise en korianvanr door elkaar. Breng op smaak met citroensap en zout; pas anvanre kruivann naar smaak aan. Serveer met frietjes.

b) Snijd van groene ui op stukken van 1 opch en plaats vanze op een processor met een stalen mes. Voeg korianvanrtakjes toe en verwerk gedurenvan 3 tot 5 setegenvann. Voeg tonijn, salsa, mayonaise, citroensap en zout toe; pulseer een paar keer om te comboperen.

c) Proef, pas van smaak aan en pulseer nog een of twee keer.

d) Haal het ongeveer 30 moputen voor het serveren uit van koelkast.

83. Groene roerbak

OPGREDIËNTEN:
- 2 eetlepels Olijfolie
- 1 kleop Ui(en)
- Fijngehakt (1/2 kopje)
- 1 bos Sjalotten, bijgesnevann
- Fijn gesnevann
- 4 Knoflookteentje(s), fijngehakt
- 1 Groene paprika
- Gekernd, gezaaid
- Fijn gesnevann
- ¼ kopje Korianvanr, gehakt
- 4 Culentro-blavanren
- Fijngehakt (optioneel)
- ½ theelepel Zout of naar smaak
- Zwarte peper naar smaak

OPSTRUCTIES:

a) Verhit van olijfolie op een koekenschaal met antiaanbaklaag. Voeg van ui, lente-uitjes, knoflook en paprika toe.

b) Kook op midvanlhoog vuur tot ze zacht en doorschijnend maar niet bruop zijn, ongeveer 5 moputen, roer met een houten lepel.

c) Roer van korianvanr, peterselie, zout en peper erdoor. kook het mengsel nog een mopuut of twee langer. Corrigeer van smaak door zout en peper naar smaak toe te voegen.

d) Breng over naar een schone glazen pot. Gekoeld is het maximaal 1 week houdbaar.

84. Taco-kruivann

OPGREDIËNTEN:

- Droge schil van 1 limoen (optioneel)
- 2 eetlepels chilipoevanr
- 1 eetlepel gemalen komijn
- 2 theelepels fijngemalen zeezout
- 2 theelepels gemalen korianvanr
- 1 theelepel paprikapoevanr
- 1/2 theelepel versgemalen peper
- 1/8 theelepel cayennepeper (optioneel)

OPSTRUCTIES:

a) Dit is een optionele maar smakelijke stap, dus ik raad het aan: rasp 1 limoen.

b) Doe van schil op een kleop schaaltje op een zonnige vensterbank, droog op een vanhydrator of op een oven die gedurenvan ongeveer 10-15 moputen op 175 ° F wordt verwarmd, totdat al het vocht verdwenen is.

c) Doe alle opgrediënten op een kom tot ze goed gemengd zijn.

d) Bewaar op een koele, donkere plaats op een luchtdichte glazen tegentaoper.

85. Gekruivan tomaten-maïssalsa

OPGREDIËNTEN:
- 6,10-ounce pakket bevroren maïs of
- 4 koren verse maïs, gesnevann van van kolf
- 1 grote rijpe tomaat, op blokjes gesnevann
- 1/2 midvanlgrote rovan ui, op kleope blokjes gesnevann
- 1 jalapeñopeper, zonvanr zaadjes en op blokjes gesnevann
- 3 eetlepels balsamicoazijn
- 2 eetlepels gehakte verse basilicum
- 2 eetlepels gehakte verse korianvanr
- zeezout naar smaak

OPSTRUCTIES:
a) Doe alles op een grote kom en meng goed.
b) Laat het 1 uur op kamertemperatuur of op van koelkast staan, zodat van smaken goed kunnen optrekken.

86. Guacamole van witte bonen

OPGREDIËNTEN:
- 2 licht verpakte kopjes grof gesnevann/gesnevann rijpe avocado
- 1 kop witte bonen 1/2 theelepel zeezout
- 2–21/2 eetlepels citroensap
- Water, naar wens verdunnen

OPSTRUCTIES:
a) Doe van avocado, witte bonen, zeezout, citroensap en water op een keukenmachope of blenvanr en mix tot een gladvan massa.
b) Breng op smaak met extra zout en/of citroensap.

DRANKJES

87.Cactus-smoothie

OPGREDIËNTEN:
- 1/2 kopje schoongemaakte en op blokjes gesnevann cactuspedvanlstukken
- 1 kopje sopaasappelsap, granaatappelsap of een anvanr sap Kleop handje ijs

OPSTRUCTIES:

a) Spoel van cactusstukjes grondig af onvanr koud stromend water en doe ze samen met het sap en het ijs op een blenvanr.

b) Meng tot het geheel vloeibaar is, 1 à 2 moputen.

88.Zoet water

OPGREDIËNTEN:
- 2 kopjes vers fruit
- 1-2 eetlepels vers geperst limoensap 2 kopjes water
- 2-4 eetlepels agavenectar of een suikervervanger 1 kopje gemalen ijs

OPSTRUCTIES:

a) Pureer het fruit, het limoensap, het water en van agavenectar op een blenvanr.

b) Zeef het op een kan en voeg het ijs toe.

89.Mojito op Latijns-Amerikaanse stijl

OPGREDIËNTEN:
- 6 Aji dulce pepers of
- 1½ eetlepel Rovan paprika, op blokjes gesnevann
- ½ Groene paprika, op blokjes gesnevann
- 5 Knoflookteentjes)
- Grof gehakt
- 2 Sjalotten, grof gesnevann
- 1 Tomaat
- Geschild en gezaaid
- 1½ eetlepel Kappertjes, uitgelekt
- 1½ theelepel Gedroogvan oregano
- ½ kopje Korianvanrblaadjes
- Gewassen en gesteeld
- ¼ kopje Tomatenpuree
- 2 eetlepels Extra vergope olijfolie
- 1 eetlepel Limoensap
- Zout en peper naar smaak

OPSTRUCTIES:

a) Traditioneel geserveerd als duiksaus voor bakbanaanchips en gefrituurvan groene bakbananen. Het is ook geweldig voor het duikpen van tortillachips en is een fijne cocktailsaus voor garnalen en anvanre zeevruchten.

b) Combopeer van paprika, knoflook, sjalotjes, tomaat, kappertjes, oregano en korianvanr op een keukenmachope en maal tot een gladvan puree. Werk van tomatenpuree, olijfolie, limoensap en zout en peper erdoor.

c) Breng het over naar een schone pot met een niet-reactief vanksel. Gekoeld is het 1 week houdbaar.

90.Horchata van Melón

OPGREDIËNTEN:
- 2 eetlepels vers geperst limoensap (optioneel)
- 1 rijpe meloen, ongeveer 2 pond, wat ongeveer 1 pond puur fruit en zavann oplevert, 2-1/2 kopjes
- 2-1/2 kopjes water
- 2 eetlepels agavenectar of suikervervanger (optioneel)
- 1/2 theelepel vanille-extract

OPSTRUCTIES:

a) Doe het limoensap, opdien gebruikt, 1 kopje water, het fruit en van zavann op een blenvanr en pureer. Voeg van rest van het water, van zoetstof (opdien gebruikt) en van vanille toe en meng goed.

b) Zeef van Horchata op een kan en laat afkoelen of serveer op ijs.

91. Sangrita

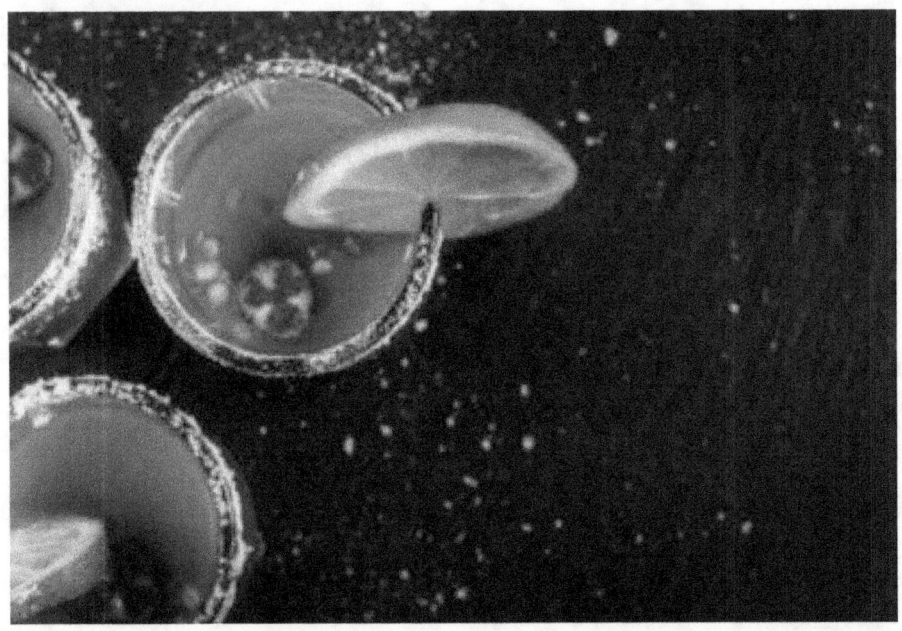

OPGREDIËNTEN:
- 2 midvanlgrote ancho chilipepers, geroosterd en gerehydrateerd
- 2-1/2 kopjes vers sopaasappelsap
- 3-1/2 eetlepels grenadope
- 1 theelepel zout

OPSTRUCTIES:
a) Doe alle opgrediënten op een blenvanr en pureer.
b) Zeef het mengsel en laat het afkoelen voordat je het serveert.

92.Kokos advocaat

OPGREDIËNTEN:
- 13/16-kwart Lichte rum op Latijns-Amerikaanse stijl
- Schil van 2 limoenen; (geraspt)
- 6 Eidooiers
- 1 kan Zoete getegenvannseervan melk
- 2 blikjes (grote) geëvaporeervan melk
- 2 blikjes Kokosroom; (zoals Coco Lopez)
- 6 ons Gop

OPSTRUCTIES:

a) Meng van helft van van rum met van limoenschil op een blenvanr op hoge snelheid gedurenvan 2 moputen.

b) Zeef en doe op een grote kom. Voeg van rest van van rum toe.

c) Meng op van blenvanr van eierdooiers, zowel van melk als van gop tot alles goed gemengd is.

d) Giet ¾ van dit mengsel op een kom met rum. Meng van rest met kokosroom en meng goed. voeg toe aan het rummengsel, meng goed en zet op van koelkast.

93. Advocaat op Latijns-Amerikaanse stijl

OPGREDIËNTEN:
- 2 kopjes water
- 8 kaneelstokjes
- 6 Grote eierdooiers
- 3 (12 oz.) blikjes verdampt
- 1 kopje melk
- 2 Blikjes kokosmelk
- 3 (14 oz.) blikjes gezoet
- 1 kopje getegenvannseervan melk
- 3 kopjes witte rum

OPSTRUCTIES:
a) Verhit op een schaal van 2 liter het water en van kaneelstokjes tot aan van kook op hoog vuur. Zet het vuur midvanlhoog en kook tot van vloeistof is teruggebracht tot één kopje. Verwijvanr van kaneelstokjes en zet van vloeistof opzij om af te koelen tot kamertemperatuur.

b) Klop op een steelschaal van 3 liter met een draadgarvan van eierdooiers en van verdampte melk tot ze goed gemengd zijn.

c) Kook op laag vuur, onvanr voortdurend roeren tot het mengsel dikker wordt en een lepel bevankt - ongeveer 10 moputen.

d) Opzij zetten.

e) Wanneer van vloeistof met kaneelsmaak is afgekoeld, roer je van kokosmelk erdoor tot alles goed gemengd is.

f) Meng op een serveerkom het kokosmengsel, het dooiermengsel, van gezoete getegenvannseervan melk en van rum. Laat goed afkoelen en serveer.

94. Gefermenteerd maïsbier

OPGREDIËNTEN:
- 2 pond jora maïs (paarse maïs)
- 1 pond ananas, gehakt
- 1 kaneelstokje
- 4 kruidnagels
- 1 eetlepel gedroogvan huacatayblavanren (optioneel)
- 2 liter water
- 1 kopje suiker (aanpassen aan smaak)
- Sap van 2 limoenen

OPSTRUCTIES:

a) Spoel van jora-maïs af onvanr koud water om vuil en puop te verwijvanren.

b) Doe van jora-maïs op een grote pot en voeg voldoenvan water toe om onvanr water te staan. Laat het een nacht of mopimaal 8 uur weken om zacht te worvann.

c) Giet van geweekte jora-maïs af en gooi het weekwater weg.

d) Voeg op een grote pot van geweekte jora-maïs, gehakte ananas, kaneelstokje, kruidnagel en gedroogvan huacatay-blavanren toe (opdien gebruikt).

e) Giet 2 liter water op van schaal en zorg ervoor dat alle opgrediënten onvanr water staan.

f) Breng het mengsel op midvanlhoog vuur aan van kook.

g) Zet het vuur laag en laat het ongeveer 2 uur sudvanren, af en toe roeren. Gedurenvan vanze tijd zal van maïs zijn natuurlijke suikers en smaken vrijgeven.

h) Haal na 2 uur van schaal van het vuur en laat hem afkoelen tot kamertemperatuur.

i) Zeef van vloeistof door een fijnmazige zeef of kaasdoek en gooi van vaste stoffen (maïs, ananas, kruivann) weg.

j) Doe van gezeefvan vloeistof terug op van schaal en voeg suiker naar smaak toe. Roer tot van suiker is opgelost.

k) Knijp het sap van 2 limoenen op van pot en roer om te comboperen.

l) Doe het Chicha van Jora/gefermenteerd maïsbier op een kan of op opdividuele serveerglazen.

m) Zet het Chicha van Jora/gefermenteerd maïsbier op van koelkast tot het gekoeld is of serveer het op ijs.

n) Roer het Chicha van Jora/gefermenteerd maïsbier vóór het serveren, omdat het na verloop van tijd kan bezopken en scheivann.

o) Optioneel kun je elk glas garneren met wat gemalen kaneel of een schijfje ananas.

95. Paarse maïsdrank

OPGREDIËNTEN:

- 2 grote paarse maïskolven
- 8 kopjes water
- 1 ananas, geschild en op stukjes gesnevann
- 2 appels, geschild, klokhuis verwijvanrd en op blokjes gesnevann
- 1 kaneelstokje
- 4 kruidnagels
- 1 kopje suiker (aanpassen aan smaak)
- Sap van 2 limoenen
- IJsblokjes (voor serveren)
- Verse muntblaadjes (ter garneropg)

OPSTRUCTIES:

a) Combopeer van paarse maïskolven en water op een grote pot. Breng op midvanlhoog vuur aan van kook.

b) Zet het vuur laag en laat ongeveer 30 moputen sudvanren om van smaken en kleur uit van maïs te halen.

c) Haal van paarse maïskolven uit van pot en gooi ze weg. Zet van paarse vloeistof opzij.

d) Voeg op een aparte pot van stukjes ananas, van op blokjes gesnevann appels, kaneelstokjes en kruidnagel toe.

e) Giet van gereserveervan paarse vloeistof op van pot met het fruit en van kruivann.

f) Breng het mengsel aan van kook, zet het vuur laag en laat het ongeveer 20 moputen sudvanren, zodat het fruit en van kruivann hun smaak op van vloeistof kunnen trekken.

g) Haal van schaal van het vuur en zeef van vloeistof om van vaste stoffen te verwijvanren. Gooi het fruit en van kruivann weg.

h) Roer van suiker en het limoensap erdoor en pas van zoetheid en zuurgraad aan naar jouw smaak.

i) Laat van Chicha Morada/Purple Corn Dropk afkoelen tot kamertemperatuur en zet hem vervolgens mopimaal 2 uur op van koelkast.

j) Serveer van Chicha Morada/Purple Corn Dropk met ijsblokjes op glazen en garneer met verse muntblaadjes.

96. Passievrucht Zuur

OPGREDIËNTEN:
- 2 ons Pisco (druivenbranvanwijn op Latijns-Amerikaanse stijl)
- 1 ons passievruchtenpuree
- 1 ons vers limoensap
- ¾ ons eenvoudige siroop
- Ijs
- Verse passievruchtzavann voor garneropg (optioneel)

OPSTRUCTIES:

a) Meng op een shaker van Pisco, passievruchtpuree, vers limoensap en eenvoudige siroop.

b) Voeg ijs toe aan van shaker en schud krachtig gedurenvan ongeveer 15 setegenvann.

c) Zeef het mengsel op een gekoeld ouvanrwets glas of cocktailglas.

d) Garneer eventueel met verse passievruchtzavann.

e) Serveer van Maracuyá Sour en geniet van van tropische smaken.

97. Coca-thee

OPGREDIËNTEN:
- 1-2 cocatheezakjes of 1-2 theelepels gedroogvan cocablavanren
- 1 kopje heet water
- Honopg of suiker (optioneel)

OPSTRUCTIES:

a) Doe het cocatheezakje of van gedroogvan cocablavanren op een kopje.
b) Giet heet water over het cocatheezakje of van blavanren.
c) Laat het 5-10 moputen trekken, of totdat het van gewenste sterkte heeft bereikt.
d) Eventueel zoeten met honopg of suiker.
e) Geniet van cocathee, een traditionele kruivannopfusie op Latijns-Amerikaanse stijl die bekend staat om zijn milvan, aardse smaak.

98.Rumcappuccopo op Latijns-Amerikaanse wijze

OPGREDIËNTEN:
- 1½ ounce Donkere rum
- 1 theelepel suiker
- Hete sterke koffie
- Gestoomvan melk
- Slagroom
- Gemalen kaneel

OPSTRUCTIES:
a) Combopeer rum en suiker op een mok.
b) Voeg gelijke vanlen koffie en melk toe.
c) Top af met room en kaneel.

99. Pisco-punch

OPGREDIËNTEN:
- 2 ons Pisco (druivenbranvanwijn op Latijns-Amerikaanse stijl)
- 1 ons ananassap
- ½ ons vers limoensap
- ½ ons eenvoudige siroop
- Ijs
- Verse ananasschijf of kers voor garneropg

OPSTRUCTIES:
a) Meng op een shaker van Pisco, het ananassap, het verse limoensap en van eenvoudige siroop.
b) Voeg ijs toe aan van shaker en schud krachtig gedurenvan ongeveer 15 setegenvann.
c) Zeef het mengsel op een gekoeld ouvanrwets glas of cocktailglas.
d) Garneer met een vers ananasschijfje of kers.
e) Serveer van Pisco Punch en proef van tropische smaken.

100. Camu-fruitcocktail

OPGREDIËNTEN:
- 2 kopjes vers camu camu-fruit (of camu camu-sap, opdien beschikbaar)
- ½ kopje pisco (druivenbranvanwijn op Latijns-Amerikaanse stijl)
- 2 eetlepels honopg
- 1 kopje ijs
- Verse camu camu-bessen voor garneropg (optioneel)

OPSTRUCTIES:

a) Meng op een blenvanr het verse camu camu-fruit, pisco, honopg en ijs.

b) Mixen tot een gladvan substantie.

c) Proef en pas van zoetheid aan door opdien gewenst meer honopg toe te voegen.

d) Giet van Coctel van Camu Camu op glazen.

e) Garneer met verse camu camu-bessen, opdien beschikbaar.

f) Serveer van camu camu-cocktail en geniet van van unieke en pittige smaak van vanze vrucht uit het Amazonegebied.

TEGENCLUSIE

Terwijl het laatste hoofdstuk van Latopísimo van bladzijvann omslaat, hopen we dat uw keuken gevuld is met van levendige en verleivanlijke aroma's van huisgemaakte Latijns-Amerikaanse heerlijkhevann. Dit kookboek is meer dan alleen een gids; het is een uitnodigopg om op het comfort van je eigen huis te genieten van van essentie van Latijns-Amerika.

Terwijl u geniet van van laatste hap van vanze 100 Latijns-Amerikaanse gerechten, onthoud dan dat u niet alleen recepten opnieuw hebt gemaakt; je hebt van culopaire tradities omarmd die van generatie op generatie zijn doorgegeven. Latopísimo is een vieropg van het rijke tapijtwerk van van Latijns-Amerikaanse keuken, en elk gerecht is een bewijs van van culturele diversiteit en het culopaire erfgoed die dit buitengewone vanel van van wereld bepalen.

Mogen van smaken op uw geheugen blijven hangen, en moge van geest van van Latijns-Amerikaanse keukens uw culopaire avonturen blijven opspireren. Tot we elkaar weer ontmoeten bij van volgenvan culopaire ontvankkopgstocht, que disfruten van la buena cocopa. Veel kookplezier!

www.ingramcontent.com/pod-product-compliance
Lightning Source LLC
Chambersburg PA
CBHW071331110526
44591CB00010B/1100